Dirk Rauh

Geht's noch?

Impulse für Lebensqualität und Gelassenheit im Alltag und Beruf

noch schneller?
noch länger?

EinsichT

Zu diesem Buch

„Geht's noch?" Solange wir lesen können geht's noch! Stimmt das?

Deshalb lautet die Kernfrage dieses Buches: „In welcher Lebensqualität geht's noch?" „Und wie lange geht's noch so?" Die Antworten dazu findet der Leser auf unterhaltsame, humorvolle und inspirierende Art indem er sich selbst begegnet.

„Geht's noch?" ist ein Buch, das fesselt und loslässt, das Dinge zurechtrückt und auf den Kopf stellt, das den Blick weitet und den Spiegel vorhält, das beruhigt und anregt, das aufräumt und ausräumt. „Geht's noch?" verführt zu einem Rendevouz mit sich selbst. Ein Rendevouz mit Folgen … Mit Erfolgen, die über übliches Erfolgsstreben hinausgehen. Mit Erfolgen, die Lebensqualität, Gelassenheit und Zufriedenheit einschließen – selbst in einer Zeit, die viel von einem abverlangt.

Zum Autor

Dirk Rauh ist langjähriger Trainer und Coach. Er berät und begleitet Mitarbeiter und Führungskräfte in Unternehmen und Organisationen. Seine Konzepte fördern die Nachhaltigkeit, Eigenverantwortung und Klarheit. Diese Impulse gibt er auch in offenen Workshops weiter. Sein Motto nach Galileo Galilei: „Man kann einem Menschen nichts lehren, man kann ihm nur helfen, es in sich selbst zu entdecken".

Die meisten Menschen
sind andere Menschen.

Ihre Gedanken sind
die Meinungen anderer,
ihre Leben Nachahmungen,
ihre Leidenschaften
nur Zitate.

Oskar Wilde

FSC
www.fsc.org
MIX
Papier aus verantwortungsvollen Quellen
Paper from responsible sources
FSC® C105338

Die Deutsche Nationalbibliothek verzeichnet diese Publikation in der Deutschen Nationalbibliografie, detaillierte bibliografische Daten sind im Internet über dnb.d-nb.de abrufbar.

1. Auflage 2014

www.dira-seminare.de
Herstellung und Verlag:
BoD – Books on Demand, Norderstedt

Umschlag, Layout und Illustrationen:
Siegfried Bütefisch, Madeleine Stöhr
Bütefisch Marketing und Kommunikation
www.buetefisch.de

Detailinformationen zum Bildnachweis* Seite 170
ISBN 978-373-571-822-8

INHALT

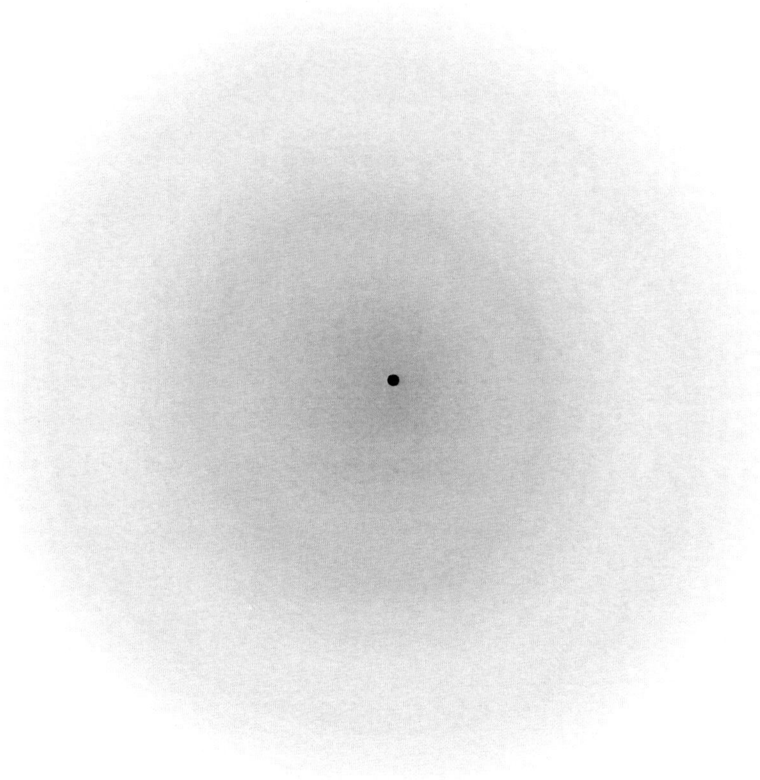

Auf den Punkt gebracht – eine Metapher zu diesem Buch.

Fixieren Sie für ca. 20 Sekunden den schwarzen Punkt in der Mitte.
Dann verschwindet der Nebel …

Eine zentrierte Ruhe kehrt ein und Klarheit entsteht.
Eine Metapher für Ihr Leben!

VORWORT

Bitte.

GEHT'S NOCH?

Gehören auch Sie zu den Menschen, die ziemlich unter Strom stehen und sich manchmal fragen:

Geht's noch mit dem Stress?
Geht's noch mit den Beziehungen?
Geht's noch mit meiner Gesundheit?
Geht's noch mit meiner Lebenssituation?

Vielleicht denken Sie manchmal: „Geht's noch?" ist einfach zu wenig!

„Geht's noch?" ist keiner der unzähligen Ratgeber mit wohlgemeinten Tipps, wie es wieder besser geht oder wie Sie mit Effizienz und Strategie Stress bekämpfen können. „Geht's noch?" gibt Anstöße zum Experimentieren, zum Staunen, zum Denken, zum Fühlen, zum Verändern und sicherlich genug zum Schmunzeln über die Ver-rückt-heiten des Lebens. Machen Sie mit diesen Anstößen Ihren „ganz normalen" beruflichen und privaten Alltag immer mehr zu Ihrem persönlichen Trainingsplatz! Sie werden sich immer stärker als Mitspieler dieses manchmal anstrengenden und verrückten Spiels begreifen. Denn „Geht's noch?" rät Ihnen nicht, am Spielfeldrand eine Auszeit zu nehmen, und ködert Sie nicht mit Versprechungen, wie Sie das Spiel des Lebens immer gewinnen können.

In „Geht's noch?" geht es um viel mehr als um kurzfristige Erholung vom Stress und um schnellen Erfolg:

Es geht um Sie, um Ihre Rolle als Spielmacher,
als Gestalter Ihres Lebens!

Lassen Sie sich inspirieren, unterhalten und provozieren. Lassen Sie sich darauf ein – schließlich schmeckt Selbstgekautes besser als Vorgekautes. Haben Sie deshalb Biss und Mut, Neues zu probieren. Nutzen Sie die Konfrontationen. Nutzen Sie die Aufforderung zur EinsichT – so heißen in diesem Buch die Übungen. Denn EinsichT finden Sie nur „in sich", für sich ganz persönlich! Nutzen Sie die Links im Buch und erweitern Sie damit die klassischen Möglichkeiten eines Buches. Denn manches muss man sehen, hören und erleben …

Machen Sie aus diesem Buch Ihr ganz persönliches. Dafür ist es geschrieben. Und liebe Leserinnen, bitte fühlen Sie sich genauso herzlich angesprochen wie alle männlichen Leser. Ich habe mich aus Gründen des besseren Leseflusses bewusst für nur eine Anredeform entschieden. Ich danke für Ihr Verständnis.

EINFACH MÜLL

Definition: Unter Abfall bzw. Müll (schweizerisch auch Kehricht, österreichisch auch Mist) versteht man nicht mehr benötigte Überreste …

Ein Müllberg als inspirierender Aufhänger für das erste Kapitel? Seltsam, oder? Denn der Blick auf eine Müllkippe ist nicht schön – im Müll und vom Müll leben zu müssen noch weniger! Wir erfreuen uns lieber an dem Schönen, an unberührter Natur, an guter Luft. Spannend, diese Überlegung: Denn gerade der zivilisierte Mensch produziert Müll. Je mehr, desto ZUVIELisierter. In der Natur dagegen gibt es keine Müllberge. Verbrauchtes wird zu neuem Nützlichem, zu neuem Baustoff. Den stinkenden Müll „da draußen" nutzen wir in diesem Kapitel nur als Metapher. Es geht um „unseren" Müll. Über die Jahre sammeln wir so einiges an. Nicht nur Materielles in Schränken, im Keller und auf dem Dachboden. Wir sammeln Müll in vielen Bereichen unseres Lebens. Müll, der Lebenszeit kostet, uns belastet und unser Leben unnötig kompliziert. So geht es auf den nächsten Seiten um

- das gute Gefühl des Aufräumens
- das Gefühl, wieder befreit durchatmen zu können
- das Schaffen von neuen Freiräumen
- den inneren Schweinehund, der sich oft gegen das Ausmisten stemmt

Letztlich geht es um SIE. Um all die Dinge, die Sie noch tun, obwohl Sie diese Dinge nicht (mehr) wirklich zufriedenstellen. Es geht um Gedanken, die Sie schon lange nicht mehr denken müssen. Um Emotionen, die ihre Wurzeln in der Vergangenheit haben. Vielleicht betrifft Sie das alles nicht – dann können Sie ja gleich weiterblättern. Vielleicht aber sind Sie jetzt neugierig geworden, Ihren Müll aufzuspüren. Denn dieser versteckt sich gerne in dunklen Ecken. Er verwächst so mit einem und ist bereits zu einem Teil der Persönlichkeit geworden.

Wichtig! Nur Sie wissen, was für Sie Müll ist.
Nur Sie entscheiden, was Sie brauchen und was nicht.

EinsichT: Wertschätzung

Welchen Wert haben Modellauto, Wein, Überraschungsei-Schlümpfe, Schuhe, Handtasche und Umschlag? Was wären Ihnen diese Dinge wert, wenn Sie diese nicht verkaufen könnten, sondern nur nutzen? Würden Sie vielleicht manche dieser Dinge entsorgen oder verschenken? Was macht grundsätzlich den Unterschied zwischen Müll und Sammlerstück?

MÜLL IM KOPF

Über die Jahre hinweg hat unser Gehirn Situationen verarbeitet, analysiert und gespeichert. Je emotionaler diese Erlebnisse sind, desto dauerhafter werden sie wie auf einer DVD eingebrannt. Das bestätigen Neurowissenschaftler und Psychologen.

So werden schmerzhafte Erfahrungen wie Versagen, Verlust und Angst, aber auch Glücksmomente wie Erfolg, Liebe, Zufriedenheit und Lebensfreude ein Teil unseres Ichs. Diese „DVD" macht aber noch weitaus mehr: Sie spricht mit uns! Ständig werden wir mit alten Erfahrungen durch inneren Dialog konfrontiert – verführend, verletzend, ermahnend, ermutigend: „Stell dich nicht so an!" „Was machst du denn da?" „Mit was vertrödelst du deine Zeit?" „Denk mal an dein Alter." „Sei vernünftig!" „Streng dich an!" Und gar nicht so selten sprechen wir sogar laut aus, was uns die innere Stimme zuraunt – unreflektiert und nicht wirklich jeder Situation angemessen. Diese Stimme kann uns durchaus wertvolle Impulse geben, beispielsweise um schnell gute Entscheidungen zu treffen.

Doch genauso kann sie uns behindern, einfach „zu sein": frei für neue Erfahrungen. Frei, Grenzen zu überschreiten. Frei, unser eigenes Leben zu leben. Lassen Sie es zu, dass diese Stimme bestimmender Regisseur

Ihres Handelns ist und so größtenteils die Dramaturgie Ihres Lebens bestimmt? Oder erkennen Sie, dass manches, was auf Ihrer DVD gespeichert ist und „zum Besten" (natürlich nur zu Ihrem Besten) gibt, einfach in der jetzigen Situation Müll für Sie ist? Müll, der klare Gedanken vernebelt; Müll, der Ihr Leben kompliziert; Müll, der Veränderung und Zufriedenheit erschwert.

EinsichT: Psychohygiene

Achten Sie demnächst darauf: Immer dann, wenn Sie etwas berührt – egal ob großer Ärger oder große Freude –, wird Ihre persönliche „DVD" besonders aktiv. Dann wissen Sie, es ist Zeit für Psychohygiene; Zeit dafür, den Müll in unseren Gedanken, Sorgen, Ideen, Stimmungen, Emotionen, Erwartungen, Ängsten, Trieben, Lügen und anderem zu erkennen und gegebenenfalls zu entsorgen. Denn zu viel Müll im Kopf belastet und macht auf Dauer krank.

Nach dem Fehlzeitenreport[1] der AOK 2013 „dopen" sich immer mehr Deutsche, um den Anforderungen im Alltag gerecht zu werden. Immer mehr Menschen greifen zur Flasche, Pille oder zu Drogen. Nach einer FORSA Studie, die von der Techniker Krankenkasse in Auftrag gegeben wurde, empfinden 70% der Beschäftigten Stress im Job. Jeder Vierte leidet unter psychischer Belastung, die ihn einschränkt.

Übrigens: Manche nennen diese DVD unser Ich, unser Ego, unser neuronales Steuerungssystem, unseren Verstand, unser Unbewusstes. Wir nennen ihn Fuzzy – dazu aber mehr auf Seite 27.

MÜLL IN BEZIEHUNGEN

Kennen Sie das: Sie fühlen sich verpflichtet, auf langweilige Meetings, Veranstaltungen oder Familienfeiern zu gehen? Oder Sie halten Beziehungen nur noch der Form halber aufrecht? Beziehungen sind Schnüren ähnlich. Sie können uns sowohl Halt geben als auch Fesseln anlegen. Manche Beziehungsfäden sind stark wie Ketten, manche empfindlich wie Spinnweben, andere wiederum ähneln einem Saugrüssel mit Saugnäpfen an ihrem Ende, die uns einfach nicht loslassen und aussaugen.

EinsichT: Beziehungsqualität

Nehmen Sie sich jetzt 5 Minuten Zeit, um folgende Fragen zu beantworten:

- *In welchen Beziehungen fühlen Sie sich wohl?*
- *Welche Kontakte nerven Sie, saugen Sie aus?*
- *Was können Sie aus schlechten Beziehungen lernen?*
- *Was hält Sie davon ab, Beziehungsfäden zu kappen?*

Mit den Antworten auf diese Fragen wird es Ihnen leichter fallen, den nächsten Schritt zu tun: Ihren „Beziehungsmüll" aus der Welt zu schaffen. Denn Beziehungsmüll belastet, vor allem Sie!

MÜLL IM KÖRPER

Seien Sie sich immer bewusst: Ihre Gedanken und Gefühle beeinflussen Ihre körperliche Befindlichkeit. Und gleichzeitig beeinflusst Ihr körperliches Befinden Ihre Gedanken! Körper und Geist sind nicht getrennt. Wenn Sie traurig sind, produziert Ihr Körper Tränen. Wenn Sie sich aufregen, steigt Ihr Blutdruck. Wenn Sie sich freuen, aktivieren Sie unbewusst Ihre Gesichtsmuskeln und Ihr Immunsystem wird gestärkt. Sie bewegen sich in frischer Luft – Ihre Stimmung verbessert sich. Sie werden massiert oder auf eine der vielen Arten angenehm berührt – Sie sind glücklicher. Sie hören die Blätter rauschen. Ihr Geist wird ruhig.

Manche Verliebte können von Luft und Liebe leben, manche Enttäuschte fressen sich Kummerspeck an, anderen vergeht bei Sorgen der Appetit. Manche strapazieren ihren Körper für eine gut gefüllte Brieftasche, manche Frustrierte sitzen ihren Hintern auf dem Fernsehsofa platt, mit Alkohol, Fertigpizza und Chips. Übrigens verbringt schon der

Durchschnittseuropäer laut einer Studie[2] insgesamt etwa 12 Jahre seines Lebens vor dem Bildschirm. Andere wiederum leben ein aktives Leben im Anti-Aging- oder Fitness-Wahn.

Der Einfluss unseres Gehirns auf den Körper ist wirklich erstaunlich. Selbst an und für sich gesunde Nahrungsmittel sind nicht automatisch auch gesund. Wer Sorgen oder Stress hat, kann nachweislich weniger Nährstoffe aufnehmen und verdauen und altert schneller[3]. „Mir liegt etwas im Magen" sagt der Volksmund dazu! Und dieser Einfluss gilt nicht nur für den Augenblick. Jede schmerzhafte oder angenehme Körpererfahrung hinterließ und hinterlässt Spuren. Liebe oder Schläge, es macht einen großen Unterschied!

Von Natur aus ist unser Körper darauf ausgerichtet, keinen „Müll" einzulagern. Nötiges wird optimal genutzt, nicht mehr Benötigtes ausgeschieden. Ein gesunder Körper produziert keine Schlacken. Gerät der Körper aber aus dem Gleichgewicht – oft durch schlechte Ernährung, Überanstrengung, Missachtung der eigenen Ökologie, durch unsere Gedanken, Stimmungen und Handlungen – hat das negative Folgen. „Müll" sammelt sich an, beispielsweise ganz anschaulich, wenn wir mehr essen als verbrauchen. 67 % der Männer und 53 % der Frauen haben hierzulande Übergewicht[4], obwohl die Voraussetzungen für gesunde Ernährung in Deutschland noch nie so gut waren wie heutzutage. So achten viele Männer eher auf qualitativ gutes Motoröl als auf gutes Speiseöl.

EinsichT: Wirkstoff?

Wie wichtig ist Ihnen der „Sprit", den Sie Ihrem Körper zuführen? Tanken Sie etwa Benzin, obwohl Ihr Auto Diesel bräuchte – vielleicht, weil Sie früher einen Benziner gefahren haben oder weil es Ihnen die Werbung empfiehlt oder Ihr Nachbar auch Benzin tankt?

MÜLL IM BESITZ

Sie erinnern sich an die Grafik mit den vier Gegenständen einige Seiten vorher? Schauen wir noch mal genauer hin, was wirklich wertvoll ist, also Wert hat:

Mancher Besitz ist lebensnotwendig oder/und macht das Leben einfacher: ein Dach über dem Kopf, Essen, Kleidung, Ersparnisse. Mancher Besitz ist reiner Luxus: eine teure Handtasche, ein rassiger Sportwagen, ein Ferienhaus am Meer mit schicker Yacht. Dazwischen gibt es viele Abstufungen. Was manche für lebensnotwendig halten, ist in anderen Regionen dieser Welt unvorstellbarer Luxus. Für viele gilt: Besitz symbolisiert Macht und Erfolg. Kleider machen Leute – Besitz auch.

EinsichT: Wohlhabend?

Haben Sie Lust auf ein Experiment? Dann nehmen Sie Stift und Papier und beantworten folgende Fragen:

- *Schätzen Sie einmal, wie viele Gegenstände Sie besitzen.*
- *Welche 20 Dinge brauchen Sie täglich? Was haben diese gekostet?*
- *Welche 5 Dinge brauchen Sie nur einmal im Monat? Was haben diese gekostet?*
- *Welche 5 Dinge brauchen Sie nur einmal im Jahr? Was haben diese gekostet?*
- *An welchen 5 Dingen hängen Sie wirklich? Aus welchem Grund?*
- *Um welche 5 Besitztümer sorgen Sie sich am meisten und haben Angst, diese zu verlieren?*
- *Welche Besitztümer befriedigen Sie, machen Sie zufrieden?*
- *Was schätzen Sie: Auf wie viel Prozent Ihres Besitzes könnten Sie verzichten?*

Wie geht es Ihnen, wenn Sie sich mit den Dingen, mit denen Sie sich umgeben, die Sie brauchen, bewusst beschäftigen? Empfinden Sie Gefühle des Mangels, weil Sie manche Dinge nicht besitzen? Motiviert Sie das zum Ausmisten? Erinnern Sie manche dieser Dinge an vergangene Zeiten? Stresst es Sie, wenn Sie an einen Umzug mit all diesen Dingen denken?

Es gibt interessante Studien zum Thema Besitz. Glücklich macht die Beschäftigung mit Dingen, die man noch nicht hat, aber bald besitzen möchte. Die Vorfreude und das Kaufen lösen den „Kick" aus, weniger der Besitz an und für sich. Vielleicht geht es auch Ihnen wie vielen: Die Freude an Besitz ebbt meist schon nach einigen Monaten stark ab. Auch scheint Besitz nur bis zu einem gewissen Grad glücklich zu machen. Wer ungefähr doppelt so viel Besitz hat wie der Bevölkerungsdurchschnitt, fühlt sich glücklicher als der Durchschnitt. Bei mehr Besitz fällt die Glückskurve wieder ab: Superreiche sind nicht automatisch superglücklich. Und manche Biografien, so zeigen Studien, belegen das Märchen vom „Hans im Glück". Erst wenn man nicht mehr an seinem Besitz hängt, fühlt Mann/Frau sich frei. Wie der Milliardär, der (und – das scheint wichtig zu sein – aus freien Stücken) alles verschenkt hat und sich heute in seiner nur 25 Quadratmeter großen Berghütte glücklicher und freier fühlt als mit Segelflugzeug, Luxusvilla und großem Vermögen. Treffende Worte:

„Vermögend ist der, der das vermag, was er möchte."

Manche Menschen wollen viel, manchen Menschen reicht weniger. Dazu kommt, dass viele Dinge, die einen vermögend machen, nicht käuflich sind. Und wie jeder weiß, das letzte Hemd hat keine Taschen – dazu später mehr.

Könnte es sein, dass auch Sie „Besitzmüll" angehäuft haben, der Sie daran hindert, sich glücklicher und freier zu fühlen? Könnte es sein, dass mehr Qualität bei weniger Quantität Ihr Leben vereinfachen könnte?

Spannend ist dabei der Blick über unseren kulturellen Tellerrand: Wie viel braucht ein Mensch wirklich, um glücklich und zufrieden zu sein? Übrigens: Der Konsumklimaindex der Deutschen ist nach einer Studie[5] der Gesellschaft für Konsumforschung 2013 auf Rekordhoch! Während die einen zu wenig haben, boomen inzwischen Lagerräume, um Besitz unterzubringen – der Freude am Shopping, an noch mehr Besitz, steht nichts mehr im Wege. Vorausgesetzt, die Kreditkarte ist noch gedeckt.

EinsichT: Reinemachen

- *Was möchten Sie nicht mehr hören?*
- *Was haben Sie lange genug angeschaut?*
- *Was liegt Ihnen schwer im Magen?*
- *Was „stinkt" Ihnen?*
- *Was ist Ihnen ein Dorn im Auge?*
- *Was muss endlich weg?*

Die Zeit des „Reinemachens" beginnt. Jetzt! „Bring den Müll raus!" kann das Leben einfacher machen, Komplexität und Belastung reduzieren.

Auflösung: Wertschätzung

Diese Handtasche hat für über 152.000 Euro den Besitzer gewechselt. Diese zwei Überaschungsei-Figuren Schlümpfe waren einem Sammler über 7000 Euro wert. Das Matchboxauto brachte ohne Räder sogar noch 420 Euro. Was, glauben Sie, kann ein alter Brief wert sein?

WELTMACHT MIT DREI BUCHSTABEN

Wie heißt die Weltmacht mit drei Buchstaben? Eine einfache Frage, oder?

Bevor Sie Ihre Antwort mit der Lösung auf der nächsten Seite vergleichen, hier eine weitere Aufgabe:

EinsichT: Selbstverantwortung

Denken Sie kurz nach und schreiben Sie auf:

Welche Probleme belasten Sie? Tragen Sie ein dazu passendes Stichwort bitte in die linke Spalte ein. In die mittlere Spalte schreiben Sie die oder den Verantwortlichen für dieses Problem. Zuletzt schätzen und schreiben Sie in die rechte Spalte, wie hoch Ihr Eigenanteil an diesem Problem ist.

Problem:	Verantwortlich dafür ist …	Eigenanteil in %
1.		
2.		
3.		
4.		
…		

Lautet Ihre Antwort vielleicht USA? Das ist eine Option, denn zweifelsohne ist die USA eine politische Weltmacht. In „Geht's noch?" geht es aber um Sie, um Ihre persönliche Weltmacht! Deshalb heißt die Antwort besser „ICH". Denn auf sich haben Sie Einfluss – aber auf die USA?

Schauen Sie sich unter dem Fokus „ICH als Weltmacht" Ihre Tabelle noch einmal an. Wer hat das Problem, wer bewertet es? Sie Selbst! Wer benennt den (vermeintlichen) Verantwortlichen? Sie selbst! Wer kann den Eigenanteil der Verantwortung Ihrer Probleme neu bewerten? Sie selbst! Eine wichtige Zwischenbemerkung an dieser Stelle: Verantwortung übernehmen heißt nicht Schuld übernehmen. Krankheit, Schicksalsschläge, schwierige Lebenssituationen sind keine Strafe, die Sie zu verantworten haben – genauso wenig wie schöne Begebenheiten und Glück der Lohn für ein gutes Leben sind. Verantwortung übernehmen bedeutet: Nutzen Sie die eigene Kraft, um schwierige Situationen anzunehmen und „das Beste daraus zu machen". Oder wie der bekannte Psychologe Paul Watzlawik formulierte:

„Schau, was ist, und mach's Beste daraus!"

Ein konkretes Beispiel: Nehmen wir an, Ihr Chef/Ihre Chefin macht Ihnen das Leben schwer, Ihrer Meinung nach. Dann können Sie darüber lamentieren und leiden. Sie können 100 Gründe finden dazu später beim Thema Wahrnehmungs-Illusionen mehr, dass dieser Vorgesetzte ein schwieriger Vorgesetzter ist.

Viele Menschen verharren so tagelang, jahrelang in der Problemsituation, ohne etwas zu verändern. Sie geben ihre Verantwortung ab. Sie nutzen sogar diese Konflikte und definieren ihre Persönlichkeit dadurch. Sie machen sich zum Opfer. Andere dagegen erhöhen den Eigenanteil ihrer Verantwortung. Sie reflektieren ihr Verhalten, lernen mit ihrer Angst umzugehen und packen Veränderungen an. Sie könnten zum Beispiel das Gespräch mit dem Vorgesetzten suchen – oder einen anderen Arbeitsplatz. Wenige erhöhen den Eigenanteil ihres Problems auf 100 % und sind bereit, radikal die Folgen ihrer Entscheidung zu tragen oder zu genießen. Das geht nicht? Sie müssen leben, wohnen, andere versorgen? Vielleicht. Die Frage ist, zu welchem Preis? Es gibt Menschen, die sich gegen ein festes Einkommen, gegen übliche Normen entscheiden und – vielleicht gerade deshalb – zufrieden leben, wohnen, andere versorgen. Mit anderen Ansprüchen, mit anderen Einschränkungen, mit anderen Freiheiten. Es gibt Menschen, die leben davon, Steine in Balance zu bringen. Es gibt Menschen, die sich „bio" ernähren, indem sie das genießen, was andere wegwerfen. Es gibt Menschen[4], die ohne Geld leben und reisen – und darüber reden und schreiben und so ihre Familie ernähren. Wie geht es Ihnen mit diesen Beispielen? Wie bewerten Sie Menschen, die Verantwortung für das eigene Leben anders definieren? Inspiriert es Sie, mehr zu wagen? Grundsätzlich gilt: Der Blick über den Tellerrand des „normalen Lebens" befreit. Denn vieles ist möglich. Denken Sie einmal daran, was in anderen Ländern und Kulturen mit anderen Arbeitseinstellungen und anderen Werten möglich ist.

Noch ein weiterer Gedanke dazu: Menschen, die anders leben – und die Sie vielleicht gerade deshalb nicht mögen – haben ihrerseits auch Freunde.

Fazit: Die Prozentzahl in der rechten Spalte für Eigenverantwortung ist ein Gradmesser dafür, wie stark Sie bereits Gestalter Ihres Lebens sind.

Noch Lust auf einige provozierende Beispiele? Der Staat ist schuld, dass die Straßen, die Bildung oder das Gesundheitssystem schlecht sind. Was hindert Sie daran, aktiv zu werden und mitzumischen? Was wäre passiert, wenn ein Mahatma Gandhi oder ein Martin Luther King nicht an die geringe Chance geglaubt hätten, etwas verändern zu können? Weitere Beispiele „aus der Nachbarschaft", wie Menschen Verantwortung übernehmen und ihre Wege gehen: Ein Konditor wird zum Abenteurer, Aktivist für Minderheiten und gefragter Autor wie Rüdiger Nehberg. Ein Metzger wird zum Allroundtalent im Fernsehen und verändert unter anderem die Fernsehunterhaltung wie Stefan Raab. Und der Flaschner der Nachbarschaft ist vielleicht einfach zufrieden, Flaschner zu sein – in voller Verantwortung für seinen Weg.

Und Sie? Nutzen Sie Ihren Einfluss? Entscheiden Sie, was Ihnen etwas wert ist? Werfen Sie einen Blick auf die Grafik. Sie haben Verantwortung. Sie entscheiden! Sie haben Einfluss – seien Sie Ihre eigene Weltmacht!

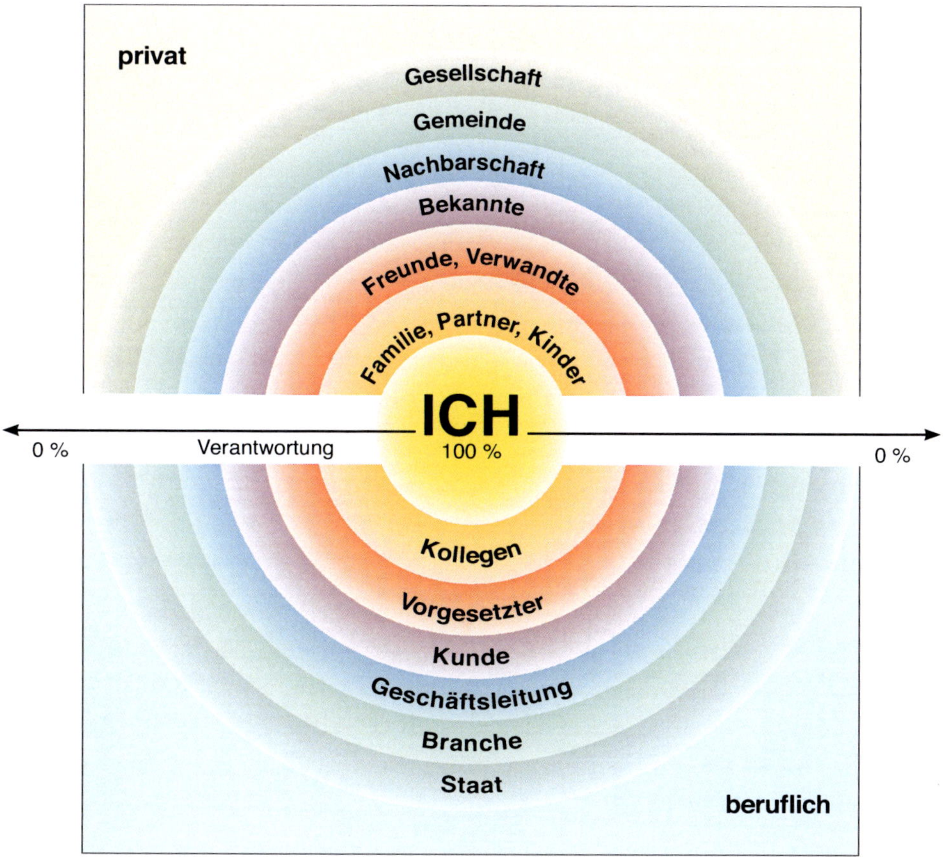

GRUNDGESETZ

> §1
> Die Würde des Menschen
> ist unantastbar.
>
> Sie zu achten und zu
> schützen ist Verpflichtung
> aller staatlichen Gewalt.

Leben Sie nach dem Artikel 1 des Grundgesetzes der Bundesrepublik Deutschland? Handeln Sie danach?

Handeln Sie danach!

Machen Sie auch für sich ernst damit! Respektieren, achten und schützen Sie Ihre Haltung, Meinung, Authentizität! Schauen Sie mutig in den Spiegel, leben Sie Ihre Träume, nehmen Sie Ihre Wünsche ernst, kommen Sie Ihren Versprechen nach, hören Sie auf Ihre innere Stimme und folgen Sie Ihrem Instinkt!

Willkommen im Reich der Verantwortung. Willkommen beim bewussten Gestalten Ihres Lebens. Willkommen im Leben mit EinsichT.

KENNEN SIE FUZZY?

Sie möchten Ihren Fuzzy, Ihren Partner und Gegenspieler, kennenlernen? Nichts einfacher als das:

Hören Sie jetzt für 30 Sekunden mit dem Lesen auf. Sofort.

Was haben Sie gemacht? Doch weitergelesen? Dann hören Sie jetzt mit dem Lesen auf, sonst werden Sie Ihren Fuzzy nicht kennenlernen!

Nun haben Sie 30 Sekunden mit dem Lesen innegehalten. Vermutlich ist automatisch Ihr innerer Dialog gestartet: Sie haben darüber nachgedacht, was es eigentlich soll, mit dem Lesen aufzuhören. Vielleicht haben Sie auch diese Aufgabe mit früheren ähnlichen Aufgaben verglichen und bewertet? Vielleicht haben Sie die Zeit genutzt, um Ihre Augen oder Ihre Gedanken schweifen zu lassen? Oder haben Sie diese Zeit für sich erholsam erlebt, bewusst erholsam gestaltet? Haben Sie sich übrigens an die Zeitvorgabe gehalten und die Zeit genau gestoppt – also einen Teil der Zeit dafür genutzt, die Sekunden herunterzuzählen? Die Erfahrung mit diesem Test zeigt: Wenige Menschen sind in der Lage, 30 Sekunden einfach nichts zu tun. Ohne Analyse, ohne Wertung, ohne Stimme(n) im Kopf. Die 30 Sekunden einfach vergehen zu lassen, die innere Ruhe einfach zu genießen scheint schwer und ungewohnt zu sein.

Die meisten Menschen haben sich angewöhnt, ihren Verstand rund um die Uhr am Laufen zu halten. Unbewusst, denn das Denken „passiert" einfach: hier ein Kommentar, da eine Bewertung, hier ein Argument und da eine Bestätigung. Die Stimme im Kopf, pausenlos, als zuverlässiger Partner an Ihrer Seite, genährt aus Ihren Wahrnehmungen, die immer zugleich auch Täuschungen und Interpretationen sind. Diese Selbstgespräche begleiten Sie schon lange. Im Kindesalter war diese Stimme noch hörbar, bei lauten Selbstgesprächen, beim Spielen und beim Abenteuer Ausdenken. Wie die Psychologie heute weiß, unterstützen uns Selbstgespräche bei der Verarbeitung unserer Erlebnisse, trainieren soziale Kontakte, kompensieren Einsamkeit, bestärken uns in dem Gefühl, „alles im Griff zu haben". Diese innere Stimme bestärkt und festigt unser Ego. Und genau darin liegt zugleich die Gefahr: Erstens entspringt diese Stimme nicht nur aus uns selbst. Sie ist zum großen Teil anerzogen: „Tu dies!", „Mach' das nicht!" „Das ist gut." „Das ist schlecht." Zweitens kann sich diese Stimme verselbständigen und so manchen in die Irre führen. So als hätten Sie immer ein Navigationssystem in der Hosentasche, das Ihnen in jeder Situation vorgibt, welche Richtung Sie einzuschlagen haben. So als wären Sie immer auf „Autopilot". Eine Zwischenfrage: Würden Sie sich gerne einem Piloten anvertrauen, der sich ausschließlich auf den Autopiloten verlässt? Wahrscheinlich nicht. Drittens: Diese Stimme vertritt nicht nur eine Meinung. Sie tritt auf als inneres Team mit widersprechenden Ansichten. Diese Streitgespräche im Kopf können ganz schön nerven!

Nun eine Behauptung: Sie sind mehr als Ihr Ego, mehr als diese Stimme. Sie haben mehr (bewusste) Handlungsoptionen, als Ihre innere Stimme Ihnen vorgibt. Reflektieren Sie diese Stimme deshalb kritisch. Dadurch gewinnen Sie mehr Klarheit. Klarheit zum Handeln. Das nutzt die Sportspsychologie, um auf den Moment fit zu sein und Hochleistungen abrufen zu können. Denn es macht einen großen Unterschied, was genau diese innere Stimme beim entscheidenden Elfmeter sagt. Vielleicht machen Sie mit diesem Wissen die Übung, 30 Sekunden innezuhalten, noch einmal. Wahrscheinlich nehmen Sie Ihre Stimme jetzt noch bewusster war.

Übrigens: Diese innere Stimme, Ihren Partner und Gegenspieler, nennen wir in diesem Buch ab jetzt „Fuzzy“. Wie ein Fuzzy, der sich immer wichtig macht und meint, alles besser zu können und besser zu wissen. Fuzzy ist ein Konstrukt, ein Gedankenspiel, eine Möglichkeit um sich selbst zu prüfen, sich selbst auf die Schliche zu kommen.

Fuzzy kann noch eine weitere Bedeutung haben. Googeln Sie doch einmal, was in der Steuerungstechnik Fuzzy-Control bedeutet. Ändern Sie von Zeit zu Zeit Ihre Parameter der Fuzzy-Steuerung, indem Sie sich Ihres Fuzzys bewusst werden.

Wie funktioniert Fuzzy, welche Aufgaben übernimmt er?

Fuzzys Aufgabe besteht häufig darin, Sie im Vergleich zu anderen besser oder schlechter zu machen. „Du bist schlechter, effektiver, reicher, älter, klüger als er!“ Oder Fuzzy sorgt sich, wer im Recht ist, wer Opfer oder Täter ist, wer Strafe oder Lob verdient. Je nach Wertung, drängt er Sie zu bestimmten Aktionen mit entsprechenden Emotionen. Dabei interpretiert Fuzzy die Realität und macht sie zu Ihrer persönlichen Wirklichkeit. Vielleicht macht Ihr Fuzzy aus der normalen Realität ein dramatisches Schwarzweißbild. Oder er kreiert eine noch verlockendere Wirklichkeit für Sie, um Sie zu verführen und sein Verlangen zu stillen.

Fuzzy ist einer der Wahrnehmungsfilter zwischen der Welt und Ihnen – er lässt Ihre Welt mal rosarot, mal tiefschwarz, mal langweilig grau erscheinen. Fuzzy interpretiert aufgrund von Erfahrungen und Sehnsüchten, färbt Ihre Emotionen und motiviert Sie zu bestimmten Handlungen. Dabei kann er vor Leidenschaft brennen, Sie anfeuern und als „den Besten“ hochleben lassen. Er kann mächtig stolz auf Sie sein. Das gefällt ihm und Ihnen, oder? Auf der anderen Seite kann er Sie in Ungnade fallen lassen und Ihnen schlaflose Nächte bereiten, Sie zermartern und mit Gewissensbissen quälen und leiden lassen. Das sieht Fuzzy als seine Aufgabe, Ihnen gefällt es aber nicht.

Die meisten Menschen sammeln Informationen, um ihre eigene Wahrheit zu bestätigen.

An was erkennen Sie, dass „Fuzzy“ Sie verführt?

Fuzzy ist das Sprachrohr des Egos. Er gibt Sie nicht auf, er ist immer bei Ihnen. Er beeinflusst Ihre Sicht der Dinge immer, wie die folgende Illustration zeigt. Er veranlasst Sie, mit Aktionen und Taten Ihr Ego zu stärken. Woran merken Sie das? Sie merken es, wenn Sie etwas Bestimmtes nur deshalb tun, um eine bestimmte Gegenleistung zu erhalten. Wenn diese Gegenleistung Sie nur für eine kurze Zeit zufriedenstellt, wissen Sie ganz genau, dass Fuzzy die Regie übernommen hatte.

Beispiel 1:
Menschen stehen stundenlang für das neueste i-Phone an, um dem Trend zu folgen, bei den Ersten zu sein. Wenn sie sich nach ein paar Wochen daran gewöhnt haben und sich mit dem „alten" i-Phone langweilen, entsteht ein neues Verlangen – Fuzzy liegt bereits auf der Lauer.

Beispiel 2:
Menschen haben Gelüste nach etwas Süßem, um Stress zu kompensieren, Unzufriedenheit zu verdrängen. Regelmäßig. Manche haben es begriffen: die Rechnung geht nicht auf; die anderen nehmen zu. Fuzzy lässt grüßen.

Sie erkennen Fuzzy, wenn Sie Situationen dazu nutzen, um sich mit anderen zu vergleichen und sich dadurch besser oder schlechter machen.

Beispiel 1:
Im Meeting ergreifen manche die Initiative, um sich zu profilieren. Dabei registriert Fuzzy, bei wem dies ankommt, um künftig noch gezielter Aufmerksamkeit und Anerkennung zu bekommen.

Beispiel 2:
Manche färben ihre Haare und verändern ihr Äußeres und vieles mehr, um jünger und attraktiver zu erscheinen.

Sie erkennen Fuzzy, wenn Ihre Gedankenmühle anfängt auf Hochtouren zu mahlen und Sie aus diesem Gedankenstrom schwer aussteigen können. Oder wenn Fuzzy Sie zur Aktion treibt um Sie abzulenken.

Beispiel 1:
Menschen grübeln über eine anstehende Entscheidung, um keinen Fehler zu machen und Nachteile zu vermeiden.

Beispiel 2:
Manche arbeiten sehr viel oder treiben Extremsport, um der Normalität zu entfliehen und sich von anderen abzuheben.

Sie erkennen Fuzzy, wenn Sie sich mit Situationen und Dingen stark identifizieren, sich dafür einsetzen und darum kämpfen, um Ihre Meinungen und Haltungen zu bestätigen.

Beispiel 1:
Hier reicht ein Blick in die Politik. Ich habe recht, die Opposition unrecht. Kaum ändern sich die politischen Mehrheiten und die Opposition wechselt in die Regierung, beginnt das Spiel von vorne.

Beispiel 2:
Manche schütten das Kind mit dem Bade aus. Nur Rechthaben zählt!

Machen wir es jetzt an einigen Alltagsbeispielen anschaulich, wie alltäglich und gegenwärtig Fuzzy ist:

Schon beim Klang des Weckers bestärkt uns Fuzzy vielleicht, dass wir ein hartes Leben haben. Der Blick in den Spiegel veranlasst Fuzzy, jeden erkannten Mangel genau zu bewerten. Das Überfliegen der Morgenzeitung veranlasst Fuzzy, unsere politische Meinung zu bestätigen. Auch auf der Fahrt zum Büro behält Fuzzy recht mit seiner Einschätzung, dass bestimmte Typen einfach nicht Auto fahren können. Und dass der Kollege ein wirklicher Morgenmuffel ist, weiß Fuzzy schon lange. So dramatisiert Fuzzy unseren Tag und hindert manche mit seiner Aktivität sogar noch beim Einschlafen.

Dabei kann Fuzzy sehr trickreich sein: Die Aussage: „Ich bin gelassen, ich rege mich nicht mehr auf" kann ein cleveres Täuschungsmanöver von Fuzzy sein, um Sie zu beruhigen und im nächsten Moment wieder den Ego-Bedürfnissen nachzugehen. Er hindert Sie daran, eine Situation so „wahr-zu-nehmen", wie sie ist. Wenn Fuzzy die Regie übernimmt, ist Ihr Ego aktiv und macht Ihnen etwas vor. Wirkliche Gelassenheit, kommt vom Zu-Lassen von Gefühlen, wie sie wirklich sind, vom Los-Lassen der üblichen Muster. Dabei heißt zulassen nicht, sich völlig mit seinen Emotionen zu identifizieren und diese unreflektiert aus-zu-leben! Sie kommen der wirklichen Gelassenheit näher, wenn Sie verstehen, wie Fuzzy Ihre Emotionen nutzt und Sie zum Handeln motiviert. Fuzzy stillt Ihr Verlangen nach den Emotionen, die Ihr Ego ausmachen! Fuzzy ist clever, seien Sie es auch. Suchen Sie Ihren Fuzzy! Wenn Sie ihn gefunden haben, dann passen Sie auf ihn auf.

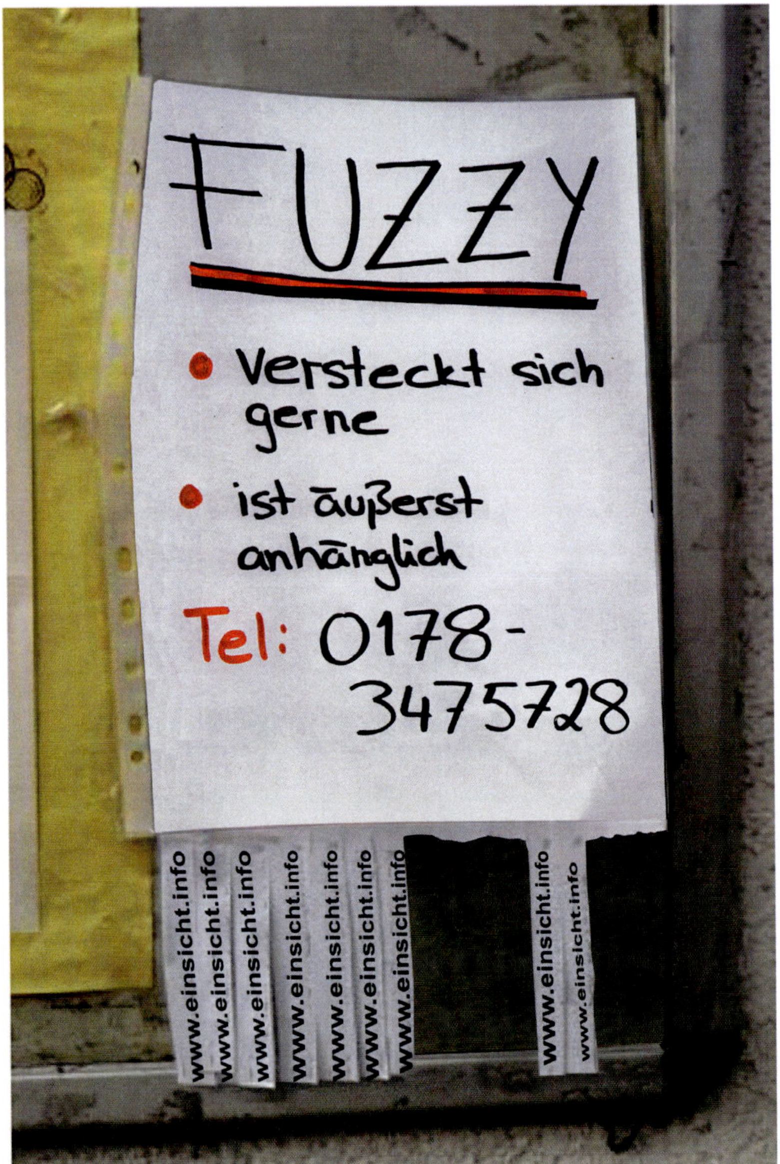

MACHT DER ETIKETTEN

Tat-Sachen

Nackte Haut ist empfindlich. Unsere Kleidung schützt uns vor Unangenehmem, und deshalb zeigen wir uns nicht nackt, natürlich schon gar nicht im Business. Deshalb wählen wir unsere Kleidungsstücke bewusst, passend zur Situation, aus: *um zu* gefallen, *um zu* überzeugen, *um zu* beeindrucken – und vieles mehr. Nicht nur das. Auch unser Verhalten passen wir an, *um zu …* – um Ziele zu erreichen.

Was tun Sie *um zu …*? Wie nutzen Sie Ihre Eigenschaften, Fähigkeiten, Ihr Erlerntes, Ihre Argumente, Qualitäten, Beziehungen, Statussymbole, Freunde?

Wir sind nicht, wir (ver)kleiden uns. Wir heften uns Etiketten an, *um* das *zu* verstärken, was wir sein wollen, oder *um* anders *zu* sein als wir sind. Wir etikettieren uns und tragen dies zur Schau oder verbergen uns dahinter! Warum neigen wir dazu? Weil wir erlernt haben, dass diese Etiketten uns helfen können, unsere Sehnsüchte zu erfüllen und unser Verlangen zu stillen. Schauen wir uns die Etiketten einmal genauer an. Ein Teil der bewusst gewählten Etiketten verbessern scheinbar unseren „Handelswert", machen uns begehrter, attraktiver. Ein anderer Teil hilft uns, Schwächen zu verbergen, zu überspielen oder nicht zu zeigen. Etiketten blenden unser Umfeld. Und das reagiert darauf, indem es unsere Verhaltensweisen und Aktivitäten ebenfalls etikettiert. So entsteht ein Geben und Nehmen, ein Agieren und Reagieren. Wenn Sie gelernt haben, dass in Ihrem Umfeld das Etikett „Streitgespräch" von anderen mit dem Etikett „Stärke" versehen wird, dann haben Sie vielleicht immer wieder das Bedürfnis, diese „Stärke" auszuleben, indem Sie Streitgespräche führen – *um* von diesen Menschen als stark wahrgenommen *zu* werden. Wir können die Metapher mit dem Etikettieren und Umetikettieren noch weiterspinnen. Im Laufe unseres Lebens werden diese Etiketten zu unserer neuen Haut, zu einer Tapete. Schicht für Schicht fest verleimt und schwer abzulösen, immer wieder überklebt mit einem neuen Etikett, *um zu* ... Denn gerade negativ empfundene Etiketten müssen schnell und fest mit einem positiven Etikett überklebt werden. Etwa so:

- das Etikett Unsicherheit zum Beispiel mit „ich bin Gleitschirmflieger und trau mich was“,
- das Etikett Enttäuschung zum Beispiel mit „das gönn ich mir“,
- das Etikett Schwäche zum Beispiel mit „euch zeig ich's – ich fahr sportlich“,
- das Etikett Gewöhnlichkeit zum Beispiel mit „ich habe einen exquisiten Geschmack“,
- das Etikett Einsamkeit zum Beispiel mit „ich bin hilfsbereit“,
- das Etikett Frust zum Beispiel mit „ich reise gerne“.

Geht diese Rechnung auf? Kann zum Beispiel die Unzufriedenheit am Arbeitsplatz durch einen schönen Urlaub kompensiert werden?

Oder ist es nicht hilfreicher zu versuchen, die eigene nackte Haut unter den Etiketten wieder zu spüren? Neugierig darauf zu sein, was sich unter den Etiketten wirklich verbirgt?

Betrachten wir ein Etikett zunächst einmal genauer. Jedes Etikett steht für eine bestimmte Emotion oder Handlung. Das macht Sinn. Nach Auffassung der Quantenpsychologie drängt jede Emotion zu einer Bewegung. Ganz im Sinne der Wortherkunft: In Emotion steckt das lateinische Wort movere oder das englische motion für Bewegung. Die Energie dieser Emotion veranlasst uns zu reagieren. Manchmal richtet sich diese Energie „nur“ nach innen – beispielsweise wenn wir etwas in uns „hineinfressen“. Manchmal nach außen, wenn wir zum Beispiel unseren „Frust abladen“.

Realist
Macher
Katzenhasser
Vater
Linksfahrer
Hypochonder
treue Seele
Teamplayer
Pedant
Sportler
Golfer
Aktionär
Frauenheld
Langweiler
Hasenfuß

Um Ihren Emotionen und Etiketten auf die Spur zu kommen, können Sie Ihre Handlungen mit „weshalb…?“ hinterfragen. Zum Beispiel: „Weshalb fahre ich so sportlich?“, „Weshalb helfe ich anderen?“ oder „Weshalb reise ich?“ Die weiteren Fragen unterstützen Sie dabei, noch tiefer zu kommen: „Was gebe ich mir dadurch?“ und „Wofür nutze ich das?“ Können Sie die Antwort so stehenlassen oder wird Fuzzy aktiv.

Dadurch erkennen Sie, ob die jeweilige Aktivität – die ja an und für sich weder gut noch schlecht ist – letztendlich nur ein Etikett und somit eine Kompensation darstellt. Jede Kompensation erfüllt auf Dauer ihren Zweck nicht wirklich. Sie befriedigt nicht wirklich und vor allem nicht lange. Es erfordert eine gesunde Portion Mut und Ehrlichkeit, um sich auf diese Weise näherzukommen. Sie könnten zum Beispiel erfahren, dass unter Ihrem Etikett Mut das Etikett Angst durchschimmert. Allein die Erkenntnis dessen ist für manche Menschen bereits erleichternd, weil sich der Spuk der Kompensation langsam auflöst und eine andere Lebensqualität in den Vordergrund tritt.

Welches Etikett wollen Sie unbedingt behalten - bis zum Schluss?

Für was schämen Sie sich?

Nackte Tatsachen

Haben Sie den Mut, Ihren Etiketten jetzt auf die Spur zu kommen oder sie vielleicht sogar in Frage zu stellen? Haben Sie Lust ein wenig mehr über die Dinge zu erfahren, die Sie tun könnten, wenn Sie sich trauen würden? Haben Sie jetzt den Mut zur Ent-Täuschung? Mut, sich von alten Etiketten zu befreien, sich zu ent*wickeln*, um sich selber ein weiteres Stück näherzukommen? Dann finden Sie hier weitere Impulse dafür:

EinsichT: Macht der Etiketten

Welche 10 Etiketten haben Sie sich selbst angeheftet? Notieren Sie diese!
Welche 5 Etiketten haben Sie „verliehen" bekommen? Notieren Sie diese!

Jetzt haben Sie 15 Etiketten. Reduzieren Sie diese Etikettenanzahl auf 5 Lieblingsetiketten. Wie fühlt sich das an? Wie geht es Ihnen damit? Ungewohnt nackt?

Was wäre, wenn Sie diese Etiketten zu Superetiketten machen und sie offen zur Schau tragen. Vielleicht um zu verführen und dies bewusst auszuleben?

Welche Macht hätten diese Etiketten für Sie, wenn sie nicht mit Emotionen verbunden wären? Sie also gar keine Resonanz auslösen würden? Egal, ob es um positive oder negative Emotionen geht! Nehmen Sie sich für diese Gefühle ein wenig Zeit, bevor Sie weiterlesen.

Und eine letzte Frage: Zwingen Sie Ihre Etiketten vielleicht dazu per Autopilot zu navigieren, statt selbstbestimmt Ihren Weg zu finden?

EinsichT: Etiketten nutzen

Erinnern Sie sich an eine Situation, die Sie als sehr ärgerlich empfunden haben. Kann es sein, dass Sie in dieser Situation ein Etikett angeheftet bekommen haben oder ein bestimmtes Etikett besondere Bedeutung hatte? Was nimmt oder gibt Ihnen dieses Etikett an Energie? Welchen Namen geben Sie diesem Etikett?

Kann es sein, dass Sie sich als Reaktion auf diesen Ärger ein neues Etikett selbst anheften? Und was glauben Sie, dadurch zu erreichen?
Was gibt oder nimmt Ihnen dieses weitere Etikett an Energie? Welchen Namen geben Sie diesem Etikett?

Ist dieses Etikett bei Ihren 15 Etiketten mit dabei? Gehört es zu Ihren Top-Fünf-Etiketten?

Das können Sie auch auf eine besonders tolle Situation übertragen. Spannend, sich bewusst zu machen, welche Etiketten Sie dann nutzen!

EinsichT: Weniger Etiketten

Stellen Sie sich vor, Sie erleben die ärgerliche (oder auch schöne) Situation neu. Was wäre, wenn Sie erkennen würden, dass der Ärger (und die Freude) viel mit Ihren Etiketten zu tun hat und wenig mit Ihnen? Sie sind viel mehr als das Etikett, auf das Sie reagieren.

Was wäre, wenn Sie authentisch „nackte Haut", offene Grenzen und wahre Gefühle zeigen könnten? In der ärgerlichen Situation (in der schönen Situation) und sofort danach?

Kann es sein, dass Sie mit Etiketten anderen Macht verleihen? Sich durch andere Menschen gezwungen fühlen, sich ein Etikett anzuheften, um zu …

Schon dadurch, dass Sie Ihre Etiketten erkennen und wissen, wofür sie stehen, sind Sie einen großen Schritt in Richtung „Bring den Müll raus" gegangen. Vielleicht spüren Sie schon die Erleichterung? Die frische Brise auf der nackten Haut? Die EinsichT? Die Freiheit?

Fazit: Etiketten verschleiern unser wahres Selbst und machen uns so schnell abhängig – auch von anderen. Oft etikettieren wir uns, um von anderen etwas zu bekommen, sei es Bestätigung oder Ablehnung.

Sich weniger etikettieren heißt „einfach sein": Sie hören auf, sich Dinge zu ertauschen und erleben dafür mehr und mehr Ihre ureigene Authentizität. Sie gehen mehr und mehr Ihren Sehnsüchten auf den Grund und kommen sich selber auf die Schliche – ent-täuschen sich gründlich. Sie richten Ihre Aufmerksamkeit mehr auf sich selbst als auf die Reaktion der anderen. Sie lösen sich so von den Saugnäpfen mancher Beziehung. Sie führen die Regie im Drehbuch Ihres Lebens. Sie sind der Gestalter. Sie agieren. Sie machen einfach. Sie nutzen Ihre Weltmacht „Ich"!

(Fast) nackte Tatsachen

„Einfach sein" hat seinen Preis. Manche Menschen, die Sie jetzt beneiden oder bewundern, werden das zukünftig vielleicht nicht mehr in dieser Form tun. Diese Menschen, Bekannte, „Freunde", werden teilweise sogar darum „kämpfen", dass Sie der „Alte" bleiben. Warum? Weil Ihre Beziehung auf dem Geben und Nehmen entsprechend Ihrer Etiketten funktioniert hat. Weil diese Menschen Ihre Etiketten schätzen und nicht Sie als Persönlichkeit, so wie Sie wirklich sind!

Wenn Sie hinter Ihre Etiketten-Kulisse schauen, können Sie immer mehr „sein". Mit einer Aufmerksamkeit, die mehr und mehr bei Ihnen liegt. Losgelöst von der Resonanz anderer. Sie gehen mehr und mehr Ihren Sehnsüchten auf den Grund und kommen sich selber auf die Spur. Sie merken im Laufe der Zeit, wie einsichtig Sie werden. Sie hören auf, sich Dinge zu ertauschen und erleben mehr und mehr Ihre ureigene

Authentizität. Sie blicken Ihren nackten Tatsachen ins Auge. Sie werden leichter, befreiter. Wie „nackt" wollen Sie sich zeigen, wenn Sie sich Ihres Ganzseins bewusst sind? Wie natürlich wollen Sie sein, um diese ureigene Ganzheit zu leben? Einfach sein.

Sie werden eine Klarheit und Wirklichkeit erleben, die Sie nährt und stärkt. Sie erreichen Ihre tieferen Bedürfnisse auf eine leichtere Art und Weise. Mit weniger Aufwand, dafür mit mehr Bewusstsein. Mit weniger Enttäuschung, dafür mit mehr Reinheit. Mit weniger Arbeit und viel mehr Energie. Paradox, denn Fuzzy kennt das anders …

MARIONETTENSPIEL

EinsichT: Sich in eine Rolle versetzen

Lassen Sie das Bild der Marionette je dreimal eine Minute auf sich wirken und notieren Sie Ihre Gedanken und Gefühle in Stichworten.

In der ersten Minute versetzen Sie sich bewusst in die Rolle dessen, der die Marionette führt. Wie geht es Ihnen dabei? Was fühlen Sie?

In der zweiten Minute versetzen Sie sich in die Rolle des Zuschauers im Marionettentheater (dabei sehen Sie den Marionettenspieler nicht). Wie geht es Ihnen dabei? Was fühlen Sie?

In der dritten Minute versetzen Sie sich in die Rolle der Marionette.

In welcher dieser drei Rolle fühlen Sie sich wohl? Welche ist Ihnen vertraut?

Betrachten wir genauer, was uns von Geburt an im „Spiel des Lebens" geprägt hat und wie wir „die Bühne des Lebens" nutzen, um unsere Rollen zu spielen. Unterschiedlichste Einflüsse wie Kultur, Elternhaus, Erziehung, Umgebung, Freunde und vieles mehr vermittelten uns eine „Idee" bezüglich unserer Identität. Wir lernten auf Geschichten zu hören, die andere über uns erzählten, und wurden selbst zum Geschichtenerzähler über uns. Wir entwickelten Strategien, um Liebe, Anerkennung, Zuneigung, Sicherheit und weitere Emotionen zu erhalten, um erfolgreich zu sein und sich dadurch wertvoll zu fühlen. Und Fuzzy war und ist mit dabei! Werden wir dadurch „ganz"? Leben wir so unser ureigenes Selbst? Oder werden wir, ähnlich einer Marionette, benutzt? Ein Zitat von Ada Christen zum Nachdenken dazu:

***„Ich weiß, was all' die Marionetten taugen,
Wenn jene Fäden, die sie führen, reißen ..."***

Entwicklung heißt unter anderem, eigenständig zu werden. Sich abzunabeln. Schritte dazu können das erste selbstverdiente Geld, die erste Partnerschaft, die eigene Wohnung sein. Rituale mancher Ureinwohner wirken dagegen heftiger auf uns: Jugendliche werden bewusst entführt, bis zum Hals eingegraben und in der Wildnis alleine gelassen, um dadurch er*wachsen* zu werden. Auch in unserer Kultur werden manche im Laufe ihres Erwachsenwerdens frei(er), entdecken immer mehr ihr Selbst und leben danach. Sie lassen los und knüpfen bewusst neue Netzwerke. Andere bleiben in ihren Geschichten verstrickt und gehen neue Verbindungen nach alten Mustern ein. Zwar mit „neuen" Menschen, die ihnen jedoch wieder das „Alte" geben, was sie hatten. Nur das Äußere wandelt sich. Sie begeben sich erneut in die Hand von Strippenziehern. So werden „Wenn-Dann-Beziehungen" geknüpft. Beziehungen, die an einem ziehen!

- Wenn ich arbeiten gehe, dann …
  ist mein Partner für mich da und kümmert sich um mich.
- Wenn ich ihnen helfe, dann …
  bin ich nett und beliebt.
- Wenn ich die Überstunden für Sie mache, dann …
  werde ich profitieren.
- Wenn du mich lieb hast, dann …
  bleibe ich dir treu.
- Wenn ich beim Besuch heute länger bleibe, dann …
  bin ich ein guter Sohn / eine gute Tochter.
- Wenn ich mich hier engagiere, dann …
  bin ich ein guter, verantwortungsvoller Mensch.
- Wenn ich sonntags in die Kirche gehe, dann …
- Wenn ich genügend Geld habe, dann …

Kennen Sie solche Sätze? Derer gibt es unzählige. Häufig sind diese

„Wenn-Dann-Abhängigkeiten" einfach so entstanden, unausgesprochen. Manchmal geht die Rechnung auf und man hat sich arrangiert, dabei oft unbewusst verkettet. Jeder profitiert vom anderen oder „eine Hand wäscht die andere". Jeder ist zugleich bestimmender Spieler und zugleich willige Marionette in des anderen Hand! Dieses Spiel kann ein Leben lang gehen. Oft geht die Rechnung nicht auf. Zum Beispiel, wenn auf das eigene „Wenn" ein anderes „Dann" folgt. Zum Beispiel, wenn nach zehn Jahren engagiertem Arbeiten keine Beförderung folgt. Zum Beispiel, wenn das teure Geschenk des Partners nicht entsprechend gewürdigt wird. Jetzt fällt ein Netzwerkpartner oder Strippenzieher in Ungnade, weil sein „Dann" unsere Erwartungen nicht erfüllt hat. Und dem anderen geht es vielleicht ähnlich. Streit, Mobbing und Trennung sind mögliche Folgen. Statt dann das eigene Spiel zu hinterfragen und sich als Manipulierender und Manipulierter zu erkennen, wird häufig aus Enttäuschung eine neue Wenn-Dann-Beziehung eingegangen. „Das Theater" beginnt von vorn, privat und am Arbeitsplatz!

Dabei meinen wir, authentisch und aus freiem Willen heraus zu handeln. Monate nach dem Wechsel des Jobs stellt sich heraus, dass wir wieder ähnliche Probleme haben. Dass der neue Partner doch wieder nicht so ist, wie wir dachten. Wo liegt die „Schuld", die Verantwortung für das erneute Scheitern? Beim Strippenzieher, der wieder die losen Fäden wie eine Angel ausgelegt hat, oder bei Ihnen, der sich wieder bereitwillig führen lässt? Was wäre, wenn Sie sich vom „Wenn-Dann" abnabeln? Ihre Fäden selber in der Hand halten? Mit etwas Übung können Sie ohne Fäden stehen. Und sogar tanzen! Müssen Sie deshalb Beziehungen kappen? Vielleicht.

Stellen Sie sich vor, Sie knüpfen und leben künftig Beziehungen, die frei machen.

Auch diese Gedanken zu Beziehungsfäden und Marionetten sind nur Geschichten. Geschichten der Achtsamkeit, Geschichten, aus denen Sie machen können, was Sie wollen.

EinsichT: Beziehungsfäden

Stellen Sie sich folgende Fragen zu den Beziehungsfäden in Ihrem Leben:

- *Wer hat meine Fäden in der Hand und zieht?*
- *Von wem halte ich die Fäden in der Hand?*
- *Was gibt mir das?*
- *Welche Rolle spiele ich aus Gewohnheit weiter, obwohl es nicht mehr zieht?*
- *Welche Emotion hält mich vom Kappen der Fäden ab?*
- *Wie wäre es, frei zu sein, keinen Strippenzieher zu haben?*
- *Welche Fäden habe ich bereits gekappt und dadurch Lebensqualität und Zufriedenheit gewonnen?*

Die EinsichT über die Beziehungsmuster erleichtert das Aufrichten.

Nicht nur Illusionisten und Zauberer manipulieren unsere Wirklichkeit. Ihre Sinne und Ihr Verstand lassen sich recht einfach täuschen.

Dazu gleich ein kleiner Test: Was glauben Sie – ist der Zylinder dieses Zauberers höher als breit? Hier in diesem Fall liefert Nachmessen schnell den eindeutigen Beweis! Messen Sie nach. Überrascht? Wenn es doch immer so einfach wäre mit dem Erkennen von Illusionen.

Auf den folgenden Seiten geht es um Illusionen und Überraschungen verschiedenster Art: Es geht um Dinge, die unser Leben verzaubern und uns auch in die Irre führen. Bleiben Sie gespannt ...

ILLUSION DER WIRKLICHKEIT

Was ist? Was ist Wirklichkeit? Was wirkt auf Sie? Was wirkt auf andere?

Stellen Sie sich vor, Sie machen von der „bunten Welt" ein Schwarzweißfoto. Was wird aus der bunten Sommerwiese, aus dem Blau des Himmels, aus dem Weiß der Wolken? Wir haben letztlich immer „einen Film eingelegt" (ja, früher musste man noch Filme in eine Kamera einlegen), der die Realität niemals genau abbilden kann. Die Realität, die Außenwelt, wird durch unsere Wahrnehmungsfilter zu unserer persönlichen Wirklichkeit. Die Welt da draußen zu einem Bild in unserem Kopf!

Unsere Sinne und unsere Wahrnehmungsfilter verschleiern, verzerren und blenden Teile der Realität aus. Immer! Und immer gehen Informationen verloren. Die Illusion der Wirklichkeit liegt darin, dass wir fest davon überzeugt sind, dass unser Bild der Wirklichkeit, der Realität entspricht. Dafür setzen wir uns ein, dafür suchen und finden wir Argumente, manchmal mit aller Vehemenz. Ist das immer passend? Vehement wurde vertreten, dass die Erde eine Scheibe ist. Vehement wurde vertreten, dass sich die Sonne um die Erde dreht. Darüber lächeln wir heute.

Vielleicht glauben Sie heute felsenfest an Dinge, die morgen schon widerlegt sind.

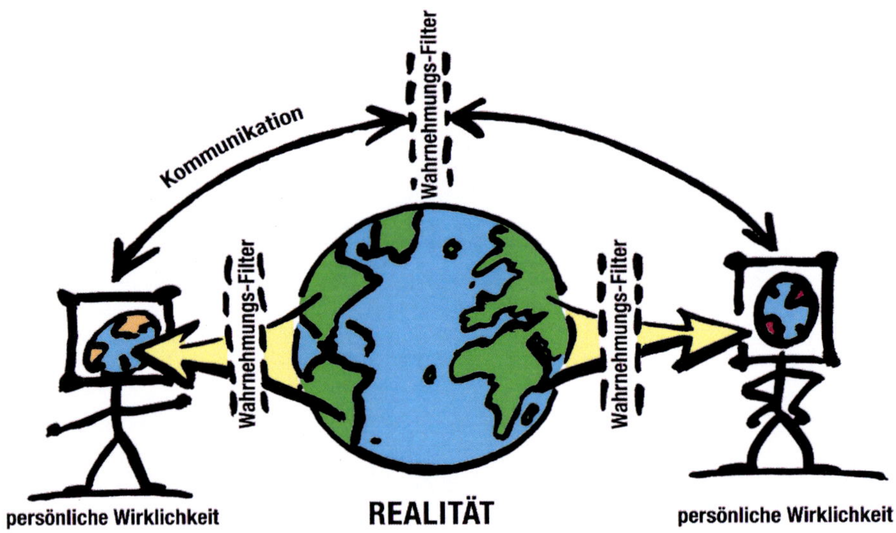

Auf den nächsten Seiten übertragen wir diese Erkenntnisse über unsere Wahrnehmungsfilter auf unsere Gefühle, auf unsere Kommunikation, auf unsere Beziehungen.

Machen Sie sich immer bewusst:

Wir reagieren niemals direkt auf die Realität, sondern immer auf unsere persönliche Wirklichkeit.

Unsere Wirklichkeit hat Einfluss auf unsere Gefühle

Kennen Sie das? Frisch verliebt zu sein? Durch die rosarote Brille zu blicken, Schmetterlinge im Bauch zu haben? Welche Vielfalt an berauschenden Gefühlen: unser Dahinschmelzen, unsere Euphorie, unsere besondere Stimmung, unsere Sinnlichkeit. Das vernebelt die Realität, lässt uns sonst Wichtiges unwichtig erscheinen und lässt uns, wie der Volksmund sagt, „von Luft und Liebe" leben.

Was geschieht, wenn nach einiger Zeit die Wirkung des emotionalen Cocktails nachlässt? Manche sind dann teilweise wie vor den Kopf gestoßen und fragen sich, wie konnte ich nur ... Die gleichen Situationen lösen jetzt völlig andere Gefühle aus, da die rosarote Weltsicht sich verändert hat.

Andere Situationen zeigen ebenfalls die Illusion, die durch unsere Gefühle entstehen kann. Erinnern Sie sich an eine Situation, in der Sie hungrig einkaufen gegangen sind? Wahrscheinlich haben Sie mehr eingekauft als beabsichtigt. Noch ein Beispiel: Hungrig schmecken uns Dinge, die wir sonst weniger mögen. Hier hat der Volksmund recht: „Der Hunger treibt's runter". Auch forcieren bestimmte Emotionen Frustkäufe. Wissenschaftler des Max-Planck-Instituts für Psychiatrie haben herausgefunden[5], dass bereits beim Anschauen von köstlichen Speisen das appetitanregende Hormon Ghrelin aktiviert wird und der Körper in Versuchung gerät zu essen, auch wenn er eigentlich gar keinen Hunger hat. Woran liegt das? Das Gehirn verarbeitet optische Reize und ohne willentliche Kontrolle werden die körperlichen Prozesse gesteuert, die unser Appetitempfinden beeinflussen. Ähnliches gilt, wenn Sie glücklich sein wollen, dann begeben Sie sich vorwiegend in Gesellschaft von Menschen und an Örtlichkeiten, in denen Sie Glück erleben können. Denn durch Ihre Wahrnehmung beeinflussen Sie die Zusammensetzung Ihrer Botenstoffe. Auch einen Einfluss haben die Faktoren Stress und Angst. Bei Stress versagen Teile des bewussten Gehirnsystems. Das heißt, durch das Erleben von Stress, egal ob er von außen auf uns trifft oder wir ihn innerlich erleben, reagieren wir anders, weil unsere neuronalen Verbindungen und chemische Reaktionen einen immensen Einfluss auf unser Tun haben. Gedanken lösen Emotionen aus, die Frage ist, ob es auch anders herum geht? Kennen Sie das? Sie wollen auf dem Geburtstagsfest eine Rede halten und Sie vergessen … Oder wie Mark Twain sagte:

„Das Gehirn ist eine tolle Sache – bis zu dem Moment, an dem du eine Rede halten willst."

Dann schlägt unser Gehirn Kapriolen, unser Magen meldet ein flaues Gefühl und egal was Sie denken, die Emotionen überwiegen. Wenn Sie sich die Illusion Ihrer Emotionen und Ihrer Wirklichkeit bewusst machen, können Sie auch in solchen Situationen gelassener reagieren. Vielleicht ist dieser Ansatz auch nur eine Illusion …

Unsere Wirklichkeit bestimmt unsere Kommunikation

Zum Einstieg zwei Zitate zur „Unschärfe" jeglicher Kommunikation:

„Gesagt ist nicht gemeint und ausgesprochen noch nicht verstanden."

„Was willst Du mich in meiner Rede beirren, sobald der Mensch beginnt zu reden, beginnt er zu irren." *Johann Wolfgang von Goethe*

Diese Zitate verdeutlichen, dass objektive Kommunikation aufgrund subjektiver Weltsichten nicht möglich ist. Im Laufe unseres Lebens lernen wir, oft geprägt von Eltern, Freunden, Bezugspersonen, der Umgebung, und unserer Kultur, wie die Welt scheinbar funktioniert. Wir meinen zu lernen, was wahr und nicht wahr ist. Manche Wahrheiten korrigieren wir – beispielsweise den Glauben an den Weihnachtsmann. Andere Erkenntnisse festigen sich dagegen ganz im Sinne von: „kennste einen, kennste alle." Unsere „Wahrheiten" prägen unsere Kommunikation und unsere Argumente. In anderen Kulturen, anderen Kreisen, stoßen wir durch diese, unsere „Wahrheiten" an Grenzen, die wir uns unbewusst selbst gesetzt haben. Missverständnisse und Konflikte können entstehen. Ein zusätzlicher Faktor, der die Kommunikation beeinflusst, ist:

Nicht alles, was man denkt, spricht man aus. Frau übrigens auch nicht.

Das ist manchmal besser, manchmal schlechter. Manchmal hindern uns nur die Etiketten „gesellschaftliche Norm", „Höflichkeit", „Distanz halten" daran, das zu sagen, was wir fühlen und denken. Erinnern wir uns: Sich zu *ent*etikettieren braucht Mut. Ehrliche Kommunikation ebenfalls. Denn alles hat seinen Preis. Und gerade Ehrlichkeit hat Konsequenzen.

EinsichT: Provokation

Selbst Witze ohne Niveau können durchaus Tiefgang haben!

Von welchen Witzen und Menschen lassen Sie sich provozieren, ärgern und verletzen?

Manchmal lernen Sie durch Provokation anderer mehr, als von weichgespültem Lob! Vor allem dann, wenn Sie der Verletzung, dem Ärger, der Provokation auf den Grund gehen.

EinsichT: Bewerten müssen

Wie geht es Ihnen zum Beispiel, wenn Sie jemanden offen persönlich bewerten müssen? Wie weit hilft hier Diplomatie, wie schonend ist hier Unehrlichkeit? Wie ändern sich Ihre Urteile, wenn Sie Dinge nur denken und nicht sagen oder Sie anonym bleiben können? Hängt Ihr Handeln und Ihre Moral davon ab, ob Sie „Zuhörer" und „Zuschauer" haben?

Unsere Wirklichkeit bestimmt unsere Beziehungen

Kommunikation ist das „Beziehungswerkzeug" schlechthin. Deshalb werfen wir einen Blick auf unsere Beziehungen. Beginnen wir mit einer Behauptung.

Egal, ob Sie geliebt, gelobt oder kritisiert werden, es könnte rein gar nichts oder nur wenig mit Ihnen zu tun haben.

Denn, wenn Sie beurteilt oder bewertet werden, werden nicht Sie, sondern Ihr Bild im Kopf des anderen bewertet. Diese Sicht der Dinge erklärt auch recht gut, warum wir Liebe schlecht einfordern können, sondern nur selbst lieben können. Unsere Liebe entsteht im eigenen Kopf. Sind deshalb Beziehungen nur subjektive „Kopfsache"? Ist es nur Einbildung, die Gefühle des anderen zu spüren und sogar Gefühle erwidert zu bekommen? Ja und nein. Menschen sind fähig, Resonanz zu anderen Wirklichkeiten herzustellen, intuitiv und rational an der Wirklichkeit des anderen teilzuhaben. Wirklichkeiten anderer können ein Stück weit verstanden und erlebt werden – aber ein Teil jeder Persönlichkeit bleibt immer autonom. Beziehungen leben vom Interesse an der Wirklichkeit des anderen. Die Wirkung des anderen auf einen ist immer die Wirkung des anderen in uns! Sie ist Resonanz der Wirklichkeiten. Aber selbst in einer sehr nahen Beziehung zu behaupten, „ich weiß genau, was du denkst, wie du fühlst, was du gerade durchmachst", ist unsinnig. Empfundene Nähe ist ein Geschenk. Ein Cocktail aus

Gedanken, Vorstellungen, Hormonen, Botenstoffe und vielem mehr. Aber eine gute Beziehung ist niemals die garantierte Folge einer noch so einfühlsamen Kommunikation und guter Beobachtungsgabe. Wir sind fähig, uns auf Nähe einzulassen und etwas dafür zu tun. Genauso wie wir uns bewusst oder unbewusst abgrenzen können. Eine lebendige, gute Beziehung ist Tanz. Sie lebt vom Rhythmus, von Nähe und Eigenständigkeit, von Intuition und Intellekt. Das Gleiche gilt übrigens für gelungene, wirkungsvolle Kommunikation.

Überlegen Sie auch das Folgende: Lob und Liebe hält man gerne für wahr, Kritik wird oft als ungerechtfertigt empfunden. Es gibt auch Menschen, bei denen dieses Muster umgekehrt funktioniert: Lob können sie nur schwer annehmen, Kritik nehmen sie sich schnell zu Herzen.

EinsichT: Konfliktpotenzial

Wann befinden Sie sich in Situationen, in denen Sie sich nicht im Griff haben? Ihre Gefühle scheinbar mit Ihnen durchgehen? Was bringt Sie zur Weißglut? Eine bestimmte Telefonnummer, die Sie auf dem Display sehen? Ein spezieller Kunde? Linksfahrer auf der Autobahn? Hundebesitzer ohne Plastiktüte? Worüber regen Sie sich immer wieder auf?

Und jetzt überlegen Sie mal – die Personen über die Sie sich ärgern, haben auch Freunde – Menschen, welche genau dieses Verhalten, diese Form befürworten. Andere Menschen können anders, vielleicht entspannt, mit genau den gleichen Situationen umgehen.

Sind Sie eigentlich zu blöd?

Solange Sie diesen Satz nur lesen, halten sich Ihre Emotionen wahrscheinlich in Grenzen. Sie sind vielleicht etwas verwundert. Aber was bedeutet dieser Satz für Sie in einem anderen Zusammenhang? Wenn jemand zum Beispiel sagt:

„Sind Sie eigentlich zu blöd zum Einparken?“
„Sind Sie zu blöd, um diese einfache Aufgabe zu lösen?“
„Sind Sie zu blöd, um genau hinzuschauen?“

Wie reagieren Sie auf diesen Satz, wenn er von Ihrem Vorgesetzten, Ihrem Kollegen oder einem für Sie „Blöden“ ausgesprochen wird?

Wann halten Sie sich für blöd und machen sich schlecht? Reicht dazu manchmal ein blöder Satz wie dieser?

ILLUSION DER AUSWIRKUNG

Wenn Sie Ihre Hand auf die heiße Herdplatte legen, werden Sie sich verbrennen. Das lernen Sie schon als Kind. Wenn Sie zwei Nächte durchmachen, zeigt das seine Wirkung. Wenn Sie sich mit Ihrem Vorgesetzten anlegen, bekommen Sie Konflikte. Wenn Sie aus dem 30. Stock springen, werden Sie tot sein. Unser Leben und unser Verhalten haben Konsequenzen. Ursache-Wirkungs-Ketten prägen unser Dasein. Nur wenige Ursache-Wirkungs-Ketten sind so direkt vorhersehbar wie fallende Dominosteine. Treten Sie einen Stein, sind die Folgen vorhersehbar. Die Ursache-Wirkungs-Kette verändert sich, wenn noch ein Lebewesen beteiligt ist. Treten Sie einen Hund, steigt die Wirkungsvielfalt. Treten Sie Ihren Nachbarn ... Sie sehen, ein Impuls und die Folgen sind unüberschaubar.

Unser Verhalten nach den Wirkungen auszurichten sichert unser Überleben und vergrößert die Chance, ungewünschte Folgen zu verhindern. Deshalb ist dieses Verhalten oft automatisiert und vermittelt uns ein Gefühl der Sicherheit. Diese Illusion beraubt uns jedoch der Möglichkeit, andere, vielfältige Varianten kennenzulernen und daran zu wachsen.

EinsichT: Auswirkungen

Stellen Sie Ihr Ursache-Wirkungs-Denken kurz auf die Probe: Stellen Sie sich die abgebildeten 4 Karten vor. Jede Karte trägt auf der einen Seite eine Zahl, auf der anderen Seite eine Farbe. Sie sehen nur eine Seite der Karten. Stellen Sie sich nun vor, Sie könnten die Karten aufnehmen und umdrehen.

Zu diesen Karten gibt es eine Regel. Sie lautet: Wenn eine Karte eine gerade Zahl zeigt, dann trägt ihre Rückseite eine der Primärfarben. Ihre Aufgabe ist es nun zu überprüfen, ob die Regel stimmt. Welche Karten werden Sie zu diesem Zweck umdrehen? Merken Sie sich Ihre Wahl.

Diese klassische Übung stammt vom Psychologen Peter Cathcart Wason. Die meisten Menschen drehen die Karte „Rot" und „3" um die Regel zu überprüfen. Und liegen daneben. Was hätten Sie gemacht?

Angenommen, Sie wählen die Karte „3", drehen sie um und entdecken auf deren Rückseite „Rot". Dann denken Sie vielleicht: „Die Regel nicht stimmt." Doch reicht das aufgedeckte „Rot" tatsächlich, um die Regel zu widerlegen? Erinnern wir uns an den genauen Wortlaut der Regel: „Wenn eine Karte eine gerade Zahl zeigt, dann trägt ihre Rückseite eine der Primärfarben." Widerspricht es dieser Regel, wenn die „3" auf der Rückseite „Rot" zeigt? Nein. Das gilt genauso, wenn Sie die Karte „Rot" umdrehen und auf der anderen Seite eine „5" entdecken. Wir sind dann genauso schlau wie zuvor. Denn dass „Rot" die Rückseite einer „5“ ist, schließt nicht aus, dass es auch die Rückseite einer „4“ sein könnte. Wenn wir aber die Karte „Braun“ umdrehen und eine „4“ entdecken, dann ist unsere Aufgabe erfüllt: Diese Karte widerlegt die Regel. Ebenso eine Karte mit einer „8“ und schwarzer Rückseite. Die richtige Lösung hätten Sie also gefunden, wenn Sie die „8“ und „Braun“ umgedreht hätten! Sie können die Wahrheit der Regel nur anfechten, wenn Sie versuchen, sie zu widerlegen – nicht indem Sie die vermeintliche Wahrheit zu belegen versuchen. Woran liegt es dann, dass die meisten Menschen dabei anders vorgehen?

Menschen neigen dazu, das zu bestätigen, was sie bereits wissen.

Vielleicht kennen Sie die Geschichte: *Ein Patient, davon überzeugt, dass er tot sei, ist beim Therapeuten. Der Therapeut hat schon einige Versuche unternommen, um dem Patienten zu beweisen, dass er noch lebt. Als letzten Schachzug fragt er den Patienten: „Können Leichen bluten?“ „Nein“, sagt dieser: „Leichen können nicht bluten.“ Der Therapeut holt ein Messer und schneidet, natürlich mit der Erlaubnis des Patienten, eine Wunde in dessen Hand. Der Patient beginnt zu bluten. Verwundert blickt er den Therapeuten an und sagt: „Was, Leichen können doch bluten!“*

Darüber lachen wir vielleicht. Aber selten lachen wir über unsere eigenen tief verwurzelten Glaubenssätze. Allzu häufig passen wir unsere Wahrnehmung unseren Glaubenssätzen an und nicht umgekehrt. Machen wir es anschaulich an alltäglichen Aussagen:

EinsichT: Schlussfolgerungen

Können Sie die Auswirkungen unmittelbar nachvollziehen?
Sind die Schlussfolgerungen für Sie passend?

1. *Auf der Party wurde Lukas eifersüchtig.*
   Am nächsten Tag zog seine Frau zu ihrer Mutter.

2. *Klaus fährt einen Porsche. Den kann er sich leisten, weil er Bereichsleiter des Unternehmens ist.*
3. *Frau Hanes ist ein Einzelkind. Es fällt ihr schwer, Kontakte zu knüpfen.*
4. *Lennard hat sein Studium als Jahrgangsbester abgeschlossen. Dass aus ihm was wurde, war klar.*
5. *Wer spart, kommt zu was.*
6. *Du musst nur die richtigen Leute kennen, dann kommst du weiter.*
7. *Herr Meier ist bereits seit 10 Jahren im Unternehmen. Seine Beförderung steht demnächst an.*
8. *Wer zum Gottesdienst geht, ist religiös.*
9. *Raucher sterben früher.*
10. *Nahrungsergänzungsmittel sind gesund.*

Stellen Sie doch künftig immer mal wieder die Ursache-Wirkungs-Illusion infrage. Ursache-Wirkungs-Ketten bilden in den meisten Fällen nur eine statistische Wahrheit ab. Ein Jahrgangsbester kann aus dem 30. Stock springen und ein Schulabbrecher mit 90 noch vergnügt den verdienten Porsche fahren oder gesund sein trotz gelegentlicher Zigarette und ohne Nahrungsergänzungsmittel.

Lesen Sie auch Businessbücher und Erfolgsbiografien kritisch. Auch **„Geht's noch?"**. Denn dort werden Strategien beschrieben, die bestimmten Menschen geholfen haben, erfolgreicher zu sein. Selten bis nie finden wir Bücher von Unternehmen und Menschen, bei denen diese Erfolgsstrategien nicht funktioniert und zum Gegenteil geführt haben. Vielleicht hilft der Blick zurück, in die Zeiten vor der Ratgeberwelle. Erfolg hatte zum Beispiel noch zu Goethes Zeiten eine andere Bedeutung als heute. Erfolg war nichts anderes als das, was erfolgte – egal ob etwas Gutes oder Schlechtes.

Selbstreflexion und Nachdenken ist besser, als Dinge einfach zu glauben, gerade wenn es um den Erfolg geht. Zitieren wir deshalb Goethe:

„Es ist möglich, dass man durch Tadel und Schelten, durch Moralisieren und Predigen, durch Warnung vor üblen Folgen, durch Drohung von Strafen manchen Menschen vom Bösen abhält, ja auf einen guten Weg bringt; aber eine weit höhere Kultur wird bei Kindern und Erwachsenen eingeleitet, wenn man nur bewirken kann, dass sie über sich selbst reflektieren."

Fazit: Sie können vom Glauben an Ursache und Wirkung profitieren, manchmal sogar unbewusst. Sie spüren die Wirkung der Kopfschmerztablette, bevor die Wirkstoffe überhaupt im Blut sein können und wirken. Sie fühlen sich besser durch ein Placebo – aber Sie können genauso die Nebenwirkungen vom Beipackzettel erleben, dabei haben Sie nur ein Placebo bekommen. Sie können sich vor manchen unliebsamen Erfahrungen schützen, wenn Sie die möglichen statistischen Wirkungen bedenken – Sie können sich aber auch um manche wertvolle Erfahrung bringen (und diese Annahme ist auch nur ein Ursachen-Wirkungs-Effekt!). Entscheiden Sie, was Sie tun und glauben.

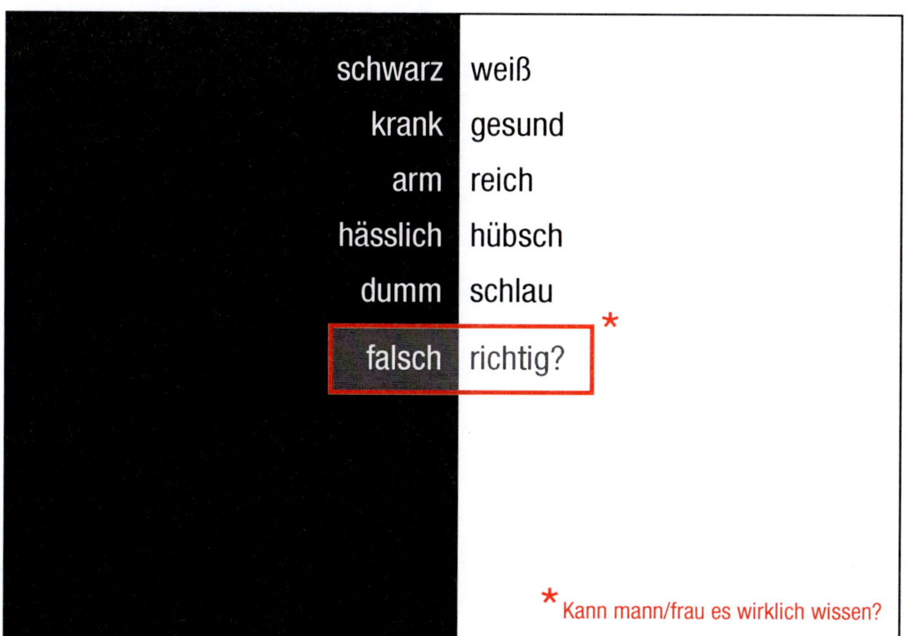

ILLUSION DES WISSENS

Einige Daten zu einem faszinierenden Organ: faustgroß, zwischen 1,3 und 1,5 Kilogramm schwer, mit Nervenleitungen von insgesamt 100.000 Kilometer Länge, mit 100 Milliarden Nervenzellen und 100 Billionen Synapsen. Kein Wunder, dass dieses Organ, unser Gehirn, eine extrem hohe Menge an Daten speichern und verarbeiten kann. Lebenslang. Die moderne Gehirnforschung gewinnt immer neue Erkenntnisse und widerlegt alte Hypothesen. So stimmt es beispielsweise nicht, dass wir nur 10 Prozent unseres Gehirns wirklich nutzen[8]. Wie Gehirnscanner zeigen, gibt es keine wirklich inaktiven Bereiche. Es gibt nur Bereiche, auf die unser Bewusstsein keinen unmittelbaren Zugriff hat. Sie können sicher sein – Ihr Gehirn „weiß" mehr, als Sie als Wissen zur Verfügung haben. Vielleicht ist jedes Wort einer Fremdsprache, das Sie irgendwo aufgeschnappt oder gelernt haben, abgespeichert – aber leider nicht im Langzeitgedächtnis verfügbar, wenn es für Sie nützlich wäre.

Lassen Sie uns das testen. Haben Sie Lust zu überprüfen, wie präzise Ihr Merkvermögen ist?

EinsichT: Ist doch klar

Lesen Sie die folgende Geschichte nur einmal.

Ein Vorgesetzter hatte einen Mitarbeiter nicht zur Gehaltserhöhung vorgeschlagen. Der Mitarbeiter reichte seine Kündigung ein. Dies wurde von den Kollegen bedauert, denn er war allgemein beliebt. Es wurde darüber diskutiert, ob man etwas unternehmen sollte.

Beantworten Sie jetzt die Fragen auf der nächsten Seite, ohne erneut die Geschichte zu lesen.

Kreuzen Sie bei den Aussagen das für Sie Passende an:

Aussagen bezüglich der Geschichte:

1. ***Der Vorgesetzte hatte dem Mitarbeiter eine Gehaltserhöhung verweigert.***
   ❑ *wahr* ❑ *falsch* ❑ *nicht zu beurteilen*
2. ***Der Mitarbeiter hatte keine Gehaltserhöhung bekommen.***
   ❑ *wahr* ❑ *falsch* ❑ *nicht zu beurteilen*
3. ***Der Mitarbeiter war darüber verärgert und kündigte.***
   ❑ *wahr* ❑ *falsch* ❑ *nicht zu beurteilen*
4. ***Der Kündigungsgrund war die nicht gewährte Gehaltserhöhung.***
   ❑ *wahr* ❑ *falsch* ❑ *nicht zu beurteilen*
5. ***Der Vorgesetzte hatte zwar die Gehaltserhöhung vorgeschlagen, sie war aber abgelehnt worden.***
   ❑ *wahr* ❑ *falsch* ❑ *nicht zu beurteilen*
6. ***Der Weggang des Mitarbeiters wurde von den Kollegen bedauert.***
   ❑ *wahr* ❑ *falsch* ❑ *nicht zu beurteilen*
7. ***Die Kollegen diskutieren, ob man gegen das Vorgehen des Vorgesetzten etwas unternehmen sollte.***
   ❑ *wahr* ❑ *falsch* ❑ *nicht zu beurteilen*
8. ***Die Kollegen unterhielten sich mit dem Mitarbeiter.***
   ❑ *wahr* ❑ *falsch* ❑ *nicht zu beurteilen*
9. ***Der Vorgesetzte war an der Diskussion der Kollegen nicht beteiligt.***
   ❑ *wahr* ❑ *falsch* ❑ *nicht zu beurteilen*
10. ***Es handelt sich um einen erfahrenen und beliebten Mitarbeiter.***
    ❑ *wahr* ❑ *falsch* ❑ *nicht zu beurteilen*
11. ***Der Vorgesetzte kündigte dem Mitarbeiter.***
    ❑ *wahr* ❑ *falsch* ❑ *nicht zu beurteilen*

12. ***Die Kollegen bedauerten, dass der Mitarbeiter keine Gehaltserhöhung bekommen hatte.***
❑ *wahr* ❑ *falsch* ❑ *nicht zu beurteilen*
13. ***Der Mitarbeiter war allgemein beliebt und man diskutierte, ob man etwas unternehmen sollte.***
❑ *wahr* ❑ *falsch* ❑ *nicht zu beurteilen*

Haben Sie Ihre Antworten gefunden? Bevor es um die Auflösung geht, noch einige Gedanken über die vermeintliche Präzision unseres Gedächtnisses. Wenn Sie mit Ihren Sinnen wahrnehmen, beginnen Sie unmittelbar zu interpretieren und Ihrer Wahrnehmung Bedeutung zu geben. Würden wir dabei alle wahrgenommenen Informationseinheiten speichern und verarbeiten, wäre das System völlig überfordert. Neue Informationen werden mit gemachten Erfahrungen verglichen und entsprechend ähnlichen Erinnerungen zugeordnet. Das spart Ressourcen und Energie. Einige Beispiele: Erinnern Sie sich an Ihre letzte Waldwanderung. Können Sie sich an jeden Baum erinnern? Nein. Das Sprichwort „Man sieht den Wald vor lauter Bäumen nicht" verdeutlicht, dass gleichförmige Eindrücke und Erlebnisse mit wenig Dramaturgie eher verblassen. Oder wissen Sie noch, was Sie am 5. Juni 2010 gemacht haben? Wenn Sie an diesem Tag nur die üblichen Dinge gemacht haben, wird Ihnen die Antwort schwerfallen. Anders geht es Ihnen wahrscheinlich mit dem 11. September 2001. Sie werden wie viele Menschen noch wissen, wie Sie diesen Tag verbracht haben. Sehr präzise sogar. Woran liegt das? Erinnerungen mit starker Emotionalität sind für das Gehirn einprägsamer. Der spätere Abruf dieser Erinnerungen ist detailliert und lebhaft, ja fast lückenlos. In der Psychologie spricht man deshalb von der „Blitzlichterinnerung[9]". Das Bild ist scharf, detailreich und festgefroren. Doch es hat sich herausgestellt, dass gerade Erinnerungen mit hoher Emotionalität kein Gradmesser für die Richtigkeit der Erinnerungen sind. Es scheint sogar so, dass wir unsere Erlebnisse mit „Kick" besonders stark mit Illusionen und Details anreichern. Wir machen die Realität zu unserer subjektiven Wirklichkeit. Seien Sie deshalb immer misstrauisch gegenüber den Geschichten, die Sie sich selbst erzählen.

Seien Sie in diesem Sinne gespannt auf die Auflösung des Tests:

Auflösung: Ist doch klar

1. ***Nicht zu beurteilen.***
   In dem Text steht nichts von einer Verweigerung. Vielleicht hat der Mitarbeiter den Termin nicht eingehalten oder der Mitarbeiter wurde versehentlich nicht auf die Liste der Kandidaten gesetzt oder…
2. ***Nicht zu beurteilen.***
   Vielleicht hat der Mitarbeiter eine routinemäßige Gehaltserhöhung bekommen?
3. ***Nicht zu beurteilen.***
   Von einer Verärgerung steht nichts im Text.
4. ***Nicht zu beurteilen.***
   Vielleicht war die Kündigung des Mitarbeiters bereits vorher geplant, da er eine neue Arbeitsstelle antreten will oder aus anderen Gründen. Fakt ist, dass es darüber keine genaue Auskunft gibt.
5. ***Falsch.***
   Der Vorgesetzte hat den Mitarbeiter nicht vorgeschlagen.
6. ***Falsch.***
   Im Text wurde lediglich bedauert, dass der Mitarbeiter seine Kündigung eingereicht hat. Vom Weggang ist keine Rede.
7. ***Falsch.***
   Im Text steht „es" wurde darüber diskutiert… Wer ist bei „es" beteiligt? – Die Mitarbeiter? Der Vorgesetzte? Andere? Und über den Inhalt der Diskussion steht auch nichts in der Geschichte.
8. ***Nicht zu beurteilen.***
   Darüber steht nichts in der Geschichte.

9. ***Nicht zu beurteilen.***
Wer an der Diskussion beteiligt war, geht aus dem Text nicht hervor.
10. ***Nicht zu beurteilen.***
Beliebt – ja! Über die Erfahrung wurde keine Aussage getroffen.
11. ***Falsch.***
Der Mitarbeiter reichte die Kündigung ein.
12. ***Nicht zu beurteilen.***
Im Text steht, dass die Kollegen bedauern, dass er die Kündigung eingereicht hat. Vielleicht wussten die Kollegen gar nichts bezüglich der Gehaltserhöhung?
13. ***Wahr.***
Steht fast so, wörtlich, im Text.

Wahrscheinlich geht es Ihnen wie den meisten: Die Überprüfung Ihrer Antworten mit der Auflösung hat Ihnen vor Augen geführt, wie Sie selbst einfache Informationen einer wirklich nicht spannenden Geschichte anreichern, interpretieren, verzerren, generalisieren und für sich passend machen. Was wäre, wenn diese Geschichte nicht ein entspannt zu lesender Vierzeiler wäre, sondern eine „echte" Geschichte am Arbeitsplatz? Zum Beispiel ein emotionales Gespräch, eine Geschichte, die Ihren Puls in die Höhe treibt, von der Sie betroffen sind? Es könnte sein, dass Sie (oder Ihr Fuzzy!) dann vehement Ihre Meinung als Überzeugung vertreten, vielleicht sogar Ihrem Gegenüber schwören können, dass es genau so gesagt worden ist und nicht anders. Dann können schnell Wirklichkeiten aufeinander prallen, und für einen weiteren Konflikt ist gesorgt.

Präzise wahrzunehmen, Erlebnisse wahrheitsgemäß wiederzugeben, Situationen objektiv einzuschätzen kann ein Ziel sein. Aber es ist unmöglich, bleibt Illusion!

Wissen Sie, was Sie wissen? Wissen Sie, was andere wissen? Wirklich?

In diesem Kapitel geht es um die Illusion unseres Wissens. Etwas kniffelig zu ergründen, da mancher Betroffene ja davon überzeugt ist, dass er mehr weiß, als er tatsächlich weiß – und wer gibt das schon gerne zu?

EinsichT: Verständnis

Deshalb ein kleines Experiment. Richtig lustig auch im Freundes- und Familienkreis.

Dazu holen Sie sich bitte Stift und Papier.

Wahrscheinlich haben Sie schon öfters ein Fahrrad gesehen, vielleicht auch schon Stunden auf einem verbracht.

Bevor Sie loslegen, bewerten Sie jetzt Ihr Wissen über ein Fahrrad auf einer Skala zwischen eins und sieben. Sieben heißt, Sie haben vollständig begriffen, wie ein Fahrrad funktioniert, und eins heißt: Sie haben davon absolut keine Ahnung. Kreuzen Sie an:

❑ *1* ❑ *2* ❑ *3* ❑ *4* ❑ *5* ❑ *6* ❑ *7*

Prima. Dann skizzieren Sie bitte ein Fahrrad. Egal was für eines, Hauptsache funktionstüchtig. Alle wichtigen Teile sollten vorhanden sein. Vielleicht möchten Sie das Fahrrad auch noch von vorne und hinten skizzieren, um das grundlegende Funktionsprinzip besser zu veranschaulichen.

Bei diesem Test der Psychologin Rebecca Lawson, lag die Einschätzung der Teilnehmer zwischen 4,5 und 7. Dies ist nachvollziehbar, wenn wir Erwachsenen bezüglich eines Alltagsgegenstandes befragt werden. Jetzt prüfen Sie bitte Ihr Ergebnis. Hier ein paar Anregungen zur Überprüfung. Hat Ihr Fahrrad eine Kette? Verläuft sie richtig? Verläuft die Kette am Tretlager auf einem größeren Kettenblatt als hinten auf dem Zahnkranz? Verbindet der Rahmen Vorder- und Hinterrad? Sind die Pedale mit der Kette verbunden? Sitzt der Sattel so, dass man treten kann? Wie sind die Räder befestigt?

EinsichT: Genauer Beobachter

Wenn Sie nun auf den Geschmack gekommen sind, legen Sie Ihre Uhr beiseite und skizzieren Sie einmal alle wichtigen Details Ihrer Uhr. Sie weden überrascht sein, wie viel Sie glauben, von Ihrer Uhr zu kennen, welcher Illusion Sie erliegen, wenn Sie meinen, Ihre Uhr genau zu kennen. Interessante Fragen dabei sind:

1. *Hat Ihre Uhr römische oder arabische Ziffern?*
2. *Wo genau stehen diese Zahlen? Überall oder nur unter der 12?*
3. *Hat Ihre Uhr eine Datumsanzeige? Wenn ja, welche Zahl steht gerade dort?*
4. *Hat Ihre Uhr einen Sekundenzeiger?*
5. *Hat Ihre Uhr zwischen den Stunden Striche, welche die Minuten anzeigen?*

Für Nicht-Uhr-Träger und Sie als Leser, die Lust auf noch einen Test zur Wissens-Illusion haben: Es funktioniert auch mit einem 2–Euro-Stück. Das hatten Sie ja auch schon oft in der Hand.

Der Psychologe Dr. Leon Rozenblit hat solche Tests durchgeführt: Er fragte über Jahre hinweg Menschen nach deren Wissen. Nehmen wir einmal das Beispiel Uhr. Er stellte die Frage: „Wissen Sie, wie eine Uhr funktioniert?" Und nach der ersten Erklärung hakte er nach, warum ein bestimmter Aspekt der Erklärung so funktioniert. Dann ging es im gleichen Frageprinzip weiter. Das Ergebnis: Die meisten Menschen stiegen bereits bei der zweiten oder dritten Warum-Frage aus – und wurden wütend, weil sie ihrer Wissens-Illusion gewahr wurden. Die Diskrepanz von vermeintlichem und tatsächlichem Wissen ist sehr gut in Talkshows zu beobachten, wenn sich ein Moderator nicht mit ausweichenden Antworten zufriedengibt. Die Wissens-Illusion ist allgegenwärtig – Sie zeigt sich beim Glaube an die Unsinkbarkeit der Titanic, bei exorbitanten Kostensteigerungen von Großprojekten und anderen krassen Fehleinschätzungen. Selbst erfahrene Projektleiter irren sich: sie schätzen besser als Laien und liegen doch in 33 Prozent der Fälle[7] daneben. Einige Beispiele dafür:

Bill Gates sagte 1982: „640 kB Speicher sollte genug für jedermann sein."

Kaiser Wilhelm II: „Ich glaube an das Pferd. Das Automobil ist nur eine vorübergehende Erscheinung."

Karl Benz, 1920: „Das Auto ist fertig entwickelt. Was kann noch kommen?"

Paul Ehrlich: „In den 1970er-Jahren stehen der Welt Hungersnöte bevor – Hunderte Millionen werden verhungern."

Erich Honecker, 1989: „Die Mauer wird bei Fortbestehen der Gründe noch 50 oder 100 Jahre bestehen."

Franz Beckenbauer 1990: „Wenn jetzt nach der Wiedervereinigung demnächst auch noch all die Fußballer aus dem Osten dazukommen, dann wird Deutschland auf Jahre hinaus unschlagbar sein."

Aus der Begründung der Plattenfirma DECCA, die 1962 die Beatles ablehnte: „Uns gefällt Ihr Sound nicht. Gitarrengruppen sind von gestern."

Antoni Gaudi übernahm den Bau der Kathedrale Sagrada Familia in Barcelona 1883. Geplant war die Fertigstellung bis 1896. Heute wird die Fertigstellung für 2026 erwartet.

Immer neue Wissens-Illusionen entstehen und vergehen. Spinat hat viel Eisen (schlichtweg ein Schreibfehler, um den Faktor zehn). Ein Supergau kommt nur alle 25.000 Jahre vor. Die Renten sind sicher – oder auch nicht (je nach politischer Meinung). Der Arabische Frühling bringt die Demokratie. Erfahrene Börsenmakler verstehen den Aktienmarkt besser als Affen[11]. Wem können Sie wirklich vertrauen, wenn selbst die Experten und Profis bei Wissens- und Einschätzungsfragen daneben liegen? Wie viele Dinge klappen so wie geplant, wie viel kommt anders als gedacht? Die Illusion des Wissens entsteht oft dadurch, dass wir viele Dinge nutzen können, ohne sie wirklich zu verstehen. Oder weil wir mit vermeintlichem Wissen unser Selbstbewusstsein stützen können.

Schließen wir mit einem Zitat das Kapitel der Wissens-Illusion ab:

„Ich weiß, dass ich nichts weiß."

Sokrates

ILLUSION DER AUFMERKSAMKEIT

Sie können sicher Auto fahren und gleichzeitig telefonieren? Die Mehrheit der Autofahrer beantwortet diese Frage mit Ja. Obwohl inzwischen viele Tests[12] belegen, dass ein Telefonat die Aufmerksamkeit einschränkt, ähnlich einem Alkoholkonsum um die 0,8 Promille – auch wenn beim Telefonieren eine Freisprechanlage installiert ist! Piloten im Flugsimulator üben gezielt, verschiedene Abläufe gleichzeitig zu beachten, um angemessen reagieren zu können. Wir sind nicht wirklich multitaskingfähig. Wir können nicht gleichzeitig mehrere Dinge, die unsere Aufmerksamkeit fordern, so gut erledigen, wie wenn wir uns ausschließlich auf eine Sache konzentrieren würden – auch Frauen nicht! Auch wenn es Männern nachweislich mehr Probleme bereitet, Dinge gleichzeitig zu tun – Mann findet die Butter nicht, obwohl sie direkt vor ihm im Kühlschrank liegt. Vielleicht haben auch Sie schon mal den Autoschlüssel gesucht, obwohl Sie ihn schon in der Tasche hatten, weil Sie gerade im Stress waren und viel um die Ohren hatten.

EinsichT: Aufmerksamkeit

Was ist Ihnen aufgefallen (Lösung auf S. 74 oben)? Und wenn Sie Lust haben, machen Sie gleich noch den bekannten Aufmerksamkeitstest im Internet von Professor C. Chabris und Professor D. Simons. Wenn Sie nun auf den Geschmack gekommen sind, hier nochmals ein Video über die Illusion genauer Wahrnehmung und wie es gelingt, Ihre Aufmerksamkeit zu fesseln. (www.youtube.com / watch?v=sxv-vbtOny8)

Ihre Aufmerksamkeit ist gefragt. Viele buhlen um Ihre Aufmerksamkeit. Nur wem es gelingt, sie zu bekommen, hat die Chance, sein Anliegen bei Ihnen darzulegen. Sie sind gefragt als Kunde, als Interessent, als Freund, als Helfer, als Unterstützer, als Partner, als Spender und vieles mehr, beispielsweise auch als Leser von „Geht's noch?". Aber nicht nur Ihnen bekannte und unbekannte Personen versuchen, Ihre Aufmerksamkeit zu gewinnen. Auch die Medien fordern, gesehen und gehört zu werden. Und die Werbung möchte Sie auch immer mehr verführen. Mal unaufdringlich, mal laut und direkt. Dabei wird über die Verpackung, die Platzierung im Regal, über das Layout, über die Bildmotive und Botschaften versucht, eine Illusion zu schaffen. Eine Illusion, die Sie zum Kauf verführt. Die Realität ist eine andere. Hier ein Beispiel von vielen:

Illusion

Realität

Worauf Sie Ihre Aufmerksamkeit richten, beeinflusst Sie direkt. Aufmerksamkeit verbindet uns mit der Welt, mit Gedanken, mit Menschen – und manchmal fesselt sie uns. Dinge mit voller Aufmerksamkeit zu tun potenziert die Qualität des Tuns und des Ergebnisses. Stressig wird es, wenn zu viele Dinge oder Menschen Ihre Aufmerksamkeit gleichzeitig fordern. Prüfen Sie deshalb immer wieder, auf was Ihre Aufmerksamkeit anspringt und ob Sie das auch wirklich wollen. Prüfen Sie, ob Sie der Aufmerksamkeits-Illusion erliegen und vielleicht hinters Licht geführt werden. Werden Sie sich darüber bewusst, dass Ihre Aufmerksamkeit für bestimmte Dinge mit Ihren Wünschen und Sehnsüchten zu tun hat. Liebäugeln Sie zum Beispiel mit einem bestimmten Automodell, werden Sie die Straßen mit diesem Fokus scannen. Steht Nachwuchs ins Haus, richten Sie Ihre Aufmerksamkeit auf dicke Bäuche und Kinderwagen.

Und manchmal sind wir aufmerksamkeitstaub, wie der Auftritt des berühmten Geigers Joshua Bell (www.youtube.com/watch?-v=hnO Pu0_YWhw) in der U-Bahn Station bewies. Sein virtuoses Konzertprogramm wurde kaum beachtet – ein Solistenprogramm, das sonst live nur für teures Geld auf den ausverkauften Bühnen dieser Welt zu hören ist.

Auf was wir üblicherweise unsere Aufmerksamkeit richten, ist geprägt von unseren Mustern, von dem schon mehrfach genannten Autopilot. Wenn Sie diese Muster von Zeit zu Zeit durchbrechen, eröffnen Sie sich neue Horizonte. Richten Sie doch Ihre Aufmerksamkeit bewusst auf etwas Neues. Lesen Sie vier Wochen lang eine andere Zeitung oder bewusst für eine bestimmte Zeit keine. Lesen Sie ein Buch zu einem Thema, für das Sie sich noch nie interessiert haben. Schenken Sie heute die Aufmerksamkeit einer Person, mit der Sie sich sonst nicht unterhalten würden. Oder richten Sie die Aufmerksamkeit einmal bewusst nur auf das, was Sie soeben tun – oder für einen Tag nur auf sich. Experimentieren Sie und Sie kommen Ihrer Aufmerksamkeits-Illusion ein wenig auf die Schliche.

Auflösung und EinsichT: Ist doch klar

Bei dem Satz „Das ist ein kleiner Aufmerksamkeits-Test" ist ein „ein" zu viel.

Und bei dem Logo heißt es Coca Coca – haben Sie es gemerkt?

Noch eine Anmerkung zum Aufmerksamkeitstest von Professor C. Chabris und Professor D. Simons. Der Sportwissenschaftler Daniel Memmert von der Uni Heidelberg[13] hat beim Gorillatest mit dem eye-tracker, der die Augenbewegungen verfolgt, bewiesen, dass Versuchsteilnehmer des Gorillaexperiments den Gorilla im Durchschnitt für eine Sekunde mit den Augen fixieren. Besonders aufschlussreich dabei: Sowohl die Teilnehmer, die den Gorilla dabei erkennen, als auch die Teilnehmer, die den Gorilla dabei nicht erkennen. (www.youtube.com/watch?v=IGQmdoK_ZfY)

EinsichT: Ich sehe was, was Du nicht siehst

Noch Lust auf eine weitere EinsichT?

Spielen Sie mit. Suchen Sie eine Minute lang alle blauen Gegenstände im Zimmer und merken Sie sich diese. Fragen Sie sich anschließend, welche braunen Gegenstände im Zimmer sind.

ILLUSION DES SELBSTVERTRAUENS

Selbstbewusstsein ist ein hohes Gut in unserer Leistungsgesellschaft. Selbstbewusstsein ist meist gleichbedeutend mit: sich seiner Stärke bewusst sein, sich etwas zutrauen. In vielen Seminaren geht es um die Steigerung des Selbstbewusstseins. Denn es gilt die Meinung, wer selbstbewusst durchs Leben geht, erreicht mehr. Je unerschütterlicher das Selbstbewusstsein, umso besser. So weit so gut. Es ist naheliegend, dass jemand, der nicht so leicht erschüttert werden kann, schneller wieder aufsteht und kompromissloser seinen Weg verfolgt. Es ist verführerisch, sich deshalb selbstbewusst zu geben, sich selbstbewusst zu präsentieren, die Maske des selbstbewussten, durchsetzungsstarken Machers aufzusetzen. Denn Selbstbewusstsein wird mit Können und Qualifiktion gleichgesetzt.

Stimmt das wirklich oder ist es eine Illusion? Stellen Sie sich dazu zwei Szenarien vor:

Szenario 1: Ihnen geht es nicht gut, Sie suchen eine Arztpraxis auf. Der Arzt, dem Sie heute das erste Mal begegnen, schaut Sie während der Untersuchung kaum an. Sein Blick geht immer wieder zum Boden, die Kommunikation beschränkt sich auf das Wesentliche. Mit unsicherer Stimme macht er Ihnen einen Therapievorschlag, den er, nachdem er im Fachbuch nachgelesen hat, wieder infrage stellt. Er vertröstet Sie auf eine weitere Facharztuntersuchung.

Szenario 2: Ihnen geht es nicht gut, Sie suchen eine Arztpraxis auf. Der Arzt, dem Sie heute das erste Mal begegnen, begrüßt Sie freundlich und selbstbewusst. Konzentriert und zielstrebig untersucht er Sie und zeigt Ihnen klar und mit sicherer Stimme seine Diagnose auf. Er begründet, warum er Sie zu einem befreundeten Spezialisten überweist, bevor er irgendeine Therapie beginnt.

Welchem Arzt werden Sie mehr vertrauen? Bei welchem das bessere Gefühl bezüglich Ihrer Heilung haben? Dabei kann der Erste sogar der bessere Mediziner gewesen sein. Sie sehen, ein selbstbewusstes Auftreten wirkt. Der Auftritt ist wichtiger als der Inhalt des Gesagten. Das „Wie" ist wichtiger als das „Was" – wie bei einer Präsentation oder einem Vortrag. Überprüfen Sie jetzt gleich in Gedanken, nach welchen Kriterien Sie sich Ihren Anlageberater, Ihren Zahnarzt, Ihren Frisör, Ihren Stammbäcker, Ihren Skilehrer, Ihren Kfz-Meister, Ihren Partner oder vielleicht Ihren Wahrsager, wenn Sie einen haben, ausgesucht haben. Wir vertrauen gerne Menschen, die selbstsicher wirken. Das mindert unsere Ängste und Zweifel. So nähren wir unsere Hoffnung und Zuversicht. Das unterstützen wir meist noch, indem wir alle

Informationen groß machen, die dieses Vertrauen bestätigen – und so unsere Wissens-Illusion befriedigen. Die Illusion des Wissens möchten wir nicht aufgeben. Selbst wenn sich herausstellt, dass sich zum Beispiel der Arzt in seiner Diagnose geirrt hat. Was wir dabei gerne vergessen, ist, dass kein Zusammenhang zwischen dem präsentierten Selbstvertrauen und dem Know-how des Arztes besteht. Die klassische Geschichte vom Hauptmann von Köpenick wiederholt sich täglich. So gelang es einem deutschen Ex-Polizeiobermeister, sich als Colonel auszugeben und sich in einer deutschen Kaserne einzurichten. Mit seinem strammen, selbstbewussten Auftreten durfte er Vorträge über die US-Truppen halten, bekam einen Kasernensonderausweis – bis die ganze Sache bei seiner selbst getätigten Beförderung zum Brigadegeneral auffiel. Oder ein Schwede, der 13 Jahre lang Passagierjets durch Europa flog, ohne einen Pilotenschein zu haben. Ob Traummann oder Heiratsschwindler, Spitzenmanager oder Blender, Koryphäe oder Hochstapler – nicht selten erliegen wir der Illusion des Selbstvertrauens und der Illusion der Kompetenz.

Richten wir den Blick auf uns selbst. Wann überschätzen wir uns bewusst und wann unbewusst? Wann machen wir anderen etwas vor? Wann geben wir? Manchmal haben wir damit Erfolg, manchmal nicht. Manchmal wähnen wir uns sicherer, als wir sind und unser Selbstbewusstsein kommt uns teuer zu stehen. Echtes Können wirkt der Selbstvertrauens-Illusion entgegen – es ist im Laufe der Zeit gewachsen und tief verwurzelt. Echtes Können hat Selbstbeweihräucherung und Angeberei nicht nötig. Echtes Können kann einfach.

EinsichT: Schein oder Sein?

Stellen Sie doch für die nächste Zeit wahrgenommenes Selbstbewusstsein einmal auf die Probe: Was ist Illusion, was ist mehr Schein als Sein? Lassen Sie sich nicht länger blenden! Blenden Sie sich nicht länger selbst!

GARANTIERT!?

Haben wir im Leben eine Garantie auf Sicherheit? Denken Sie zurück an das Kapitel über die Ursache-Wirkungs-Illusion oder an das Kapitel über die Marionette. Wir haben keine Garantie dafür, dass unsere „Wenn-Dann-Relation" aufgeht. Wenn wir noch so gesund leben und uns noch so kraftstrotzend fühlen – schon morgen können wir tot sein.

Statt Garantien gibt es nur statistische Wahrscheinlichkeiten.

Was sagen statistische Wahrscheinlichkeiten aus? Angenommen, der Mensch hat im Durchschnitt 1,89 Beine. Was heißt das für Sie? In Deutschland sterben 3,9 Prozent eines unnatürlichen Todes, die Lebenserwartung liegt aktuell bei etwa 80 Jahren. In Andorra werden Menschen im Durchschnitt 83,5 Jahre und im afrikanischen Swasiland 34 Jahre alt. Welche Garantie, welche Sicherheit gibt Ihnen das?

Das Leben ist unsicher. Das kompensieren wir, indem wir bewusst und unbewusst Strategien entwickeln. Eine davon ist die Garantie-Strategie. Mit ihr verdrängen wir die Angst. Wir hüllen uns in den Nebel vermeintlicher Sicherheit und gehen mit Scheuklappen unseren Weg. Scheuklappen geben Pferden und Menschen vermeintliche Sicherheit. Doch was bleibt von der Scheuklappen-Sicherheit, wenn diese abgelegt wird? Dann fällt es einem wie Schuppen von den Augen:

Es geht immer um alles! Das Leben ist lebensgefährlich.

„Bezüglich Risiken und Nebenwirkungen des Lebens fragen Sie Ihren Arzt oder Psychologen" – denn der muss es ja (für Sie) wissen.

Dazu passt das berühmte Bild der drei Affen von Nikkō[14]: Nichts sehen, nichts hören, nichts reden.

Betrachten wir die Kriegslist oder vielleicht besser die Lebenslist „Verdrängen“ von der psychologischen Seite. Der Harvard-Psychologe Daniel Wegner hat durch Studien[15] belegt, dass der Wunsch, einen Gedanken (und damit ein Verhalten und einen Zustand) zu verbannen, dafür sorgt, dass genau dieser Gedanke an Bedeutung gewinnt. Dieser Rebound-Effekt bewirkt also genau das Gegenteil dessen, was der Verdränger erreichen will.

Sie haben es sicher schon am eigenen Leibe erlebt: Unbedingt schlafen zu wollen, erzeugt Schlaflosigkeit. Sich nicht mehr ärgern zu wollen, kann den Ärger verstärken. Die Schokolade nicht essen zu wollen, macht die Schokolade erst richtig verführerisch. Reines Verdrängen scheint eine nicht so erfolgreiche Lebenslist zu sein!

Könnte die propagierte Lebenslist „Positives Denken“ ein Ausweg sein? Die „Wenn-etwas-schlecht-ist-dann-denke-ich-an-etwas-Positives“-List geht nach neuen Studien auch nicht auf. Der Ursprungsgedanke des Negativen bleibt aktiviert. Unser Fuzzy lässt sich nicht so einfach überlisten. Mit positivem Denken und anderen Mentalstrategien werden die tiefen Schichten unserer Persönlichkeit nicht erreicht.

Damit keine Missverständnisse entstehen: Sich in einer belastenden Situation bewusst von negativen Gedanken zu lösen macht Sinn. Positive Gedanken und eine optimistische Lebenshaltung haben nachweislich positive Auswirkung auf unser Leben. Die kritische Betrachtung richtet sich auf die Positiv-Denken-Strategie. Sich bewusst „anders zu machen", als man fühlt, heißt, unsere wirklichen Emotionen hinter einem Etikett zu verstecken. Funktioniert das?

Die Gedanken sind frei
Die Gedanken sind nicht frei! Sie sind zum Beispiel geprägt durch
wer kann sie erraten?
unsere Werte, unser Selbstbild und unsere Stimmungen.
Sie fliehen vorbei
Persönlichkeitsentwicklung heißt, unsere üblichen Gedanken-
wie nächtliche Schatten.
und Verhaltensmuster klarer zu erkennen. Wenn wir verstehen,
Kein Mensch kann sie wissen,
wie wir – aber auch andere – unsere Gedanken „machen",
kein Jäger erschießen
können wir alte Muster durchbrechen und verändern.
mit Pulver und Blei:
Und plötzlich eröffnen sich lang ersehnte Handlungsperspektiven:
Die Gedanken sind frei!
Denn die Gedanken sind nicht frei – sie wirken sich aus!

Sicherheit gewinnen wir, wenn wir unsere Unsicherheit nicht verstecken, sondern sie annehmen. Wenn wir erkennen, dass heutiger Erfolg kein Garant für eine gesicherte Zukunft ist, die Liebe von heute schon morgen anders sein kann, selbst ein gesundes Leben früh zum Tod führen kann. Oder wir erkennen, dass ein Handicap zur Zufriedenheit führen kann, Arbeitslosigkeit den Weg zum Traumjob ebnen kann, der

Zusammenbruch den Ausschlag geben kann, sein Leben umzukrempeln. Das bewusste Wahrnehmen unserer Gedanken ist unser Wegweiser zu mehr Sicherheit. Denn unsere Gedanken haben Kraft. Inzwischen beschäftigen sich nicht nur Psychologen, sondern auch Physiker, Biologen und Mediziner mit Versuchen, Gedanken und deren Auswirkungen physikalisch zu messen. In dem Buch „The Intention Experiment" fasst die amerikanische Wissenschaftsjournalistin Lynne McTaggart aktuelle Forschungsergebnisse zu diesem Thema zusammen. Es spricht einiges dafür, dass die elektrischen und chemischen Impulse unseres Nervensystems Wirkungen zeigen, die über das hinausgehen, was wir heute sicher wissen.

Die folgende chinesische Weisheit könnte irgendwann wissenschaftlich untermauert sein:

Achte auf deine Gedanken,
denn sie werden deine Worte.
Achte auf deine Worte,
denn sie werden deine Taten.
Achte auf deine Taten,
denn sie werden deine Gewohnheiten.
Achte auf deine Gewohnheiten,
denn sie werden dein Charakter.
Achte auf deinen Charakter,
denn er wird dein Schicksal.

Fazit: Unsere Gedanken zeigen Wirkung! Dabei liegt die Weisheit dieses Spruchs in der Verwendung des Wortes „achte"! Denn auf Gedanken zu achten ist etwas anderes als sich Gedanken zu machen oder zu versuchen Gedanken zu manipulieren! Zu achten, was Ihre Gedanken mit Ihnen machen, ist EinsichT.

GARANTIERT TÖDLICH

Der Tod: als Garantie im Leben. Er wird kommen – auch zu Ihnen! Egal welche Entwicklung Sie im Leben gemacht haben, egal was Sie sich erarbeitet haben, egal welche Beziehungen Sie geknüpft haben. Der Tod geht uns alle an, er macht uns gleich. Und doch scheinen viele überrascht, wenn sie mit dem Tod konfrontiert werden. Woran liegt das? Viele Menschen verdrängen das Ende, weil sie den Frühling und Sommer des Lebens weiterhin genießen wollen und an ihren Fuzzy-Bedürfnissen und Etiketten festhalten.

Kein Baum kann im Herbst Blätter verlieren und gleichzeitig blühen wie im Frühling. Lebendigkeit heißt stetige Veränderung und Erneuerung. Auch wir sind dem biologischen Kreislauf unterworfen: Geburt,

Wachstum, Reife, Alter und Tod als Nährboden für neue Geburten. Spannend ist in diesem Zusammenhang der Blick auf die atomare Ebene unserer Körperzellen. Nach heutigem Wissen sind Elektronen quasi unsterblich. So sind die Elektronen in Ihren Körperzellen uralt – schon entstanden beim Urknall vor rund 14 Milliarden Jahren. Während Sie diesen Satz lesen, sterben Millionen Ihrer Körperzellen und werden durch neue, junge Zellen ersetzt. Elektronen werden frei und neue Elektronen werden in die Zelle eingebaut. So ist ein bestimmtes Elektron heute Baustein Ihrer Körperzelle, morgen vielleicht Baustein einer Pflanzenzelle und übermorgen Baustein eines Steins! Nichts geht verloren, von Anfang an, vom Ursprung unseres Universums bis heute ist es immer der gleiche Zyklus: entstehen, vergehen, entstehen, vergehen. Ob Galaxie, Mensch oder Eintagsfliege. Das Grundprinzip bleibt, nur die Zeitdimensionen und Formen unterscheiden sich. So bleibt das Ringen um die ewige Jugend oder das Verharrenwollen auf dem Höhepunkt unserer Kraft vergebliches Mühen. Dieser Kampf ist von Anfang an verloren! Lohnt es sich, für den Kampf gegen Veränderung Energie einzusetzen? Natürlich lohnt es sich zu kämpfen – im rechten Maß. Das Leben ist kein „Ponyhof". Leben muss „Stürmen und Trockenzeiten" trotzen. Vielleicht erinneren Sie sich noch an den einfachen und weise Satz des Psychologen Paul Watzlawik: „Schau, was ist, und mach das Beste daraus!" Dieser Satz steht für die Balance aus Gestaltungswillen und der Fähigkeit, sich hinzugeben und loslassen zu können. Etwas loslassen, etwas gut sein lassen, etwas bleiben lassen: das ist die Basis für Gelassenheit und Leichtigkeit. Diese Gleichmut bewährt sich vor allem dann, wenn es nicht nach Plan läuft. Denken Sie daran, wenn es wieder mal besch… läuft. Manchmal sind Sie im Leben die Taube und manchmal das Denkmal.

Erinnern wir uns an das Beispiel mit den Elektronen. Dann ist der Vergleich Taube und Denkmal mehr als eine Metapher. Mit dem Fokus auf die kleinsten Bausteine ist alles verbunden, ähnlich. Für manche verändert sich mit dieser Sicht der Dinge die Angst vor Veränderung. Sie erahnen den Reichtum in allen Jahreszeiten ihres Lebens. So kann das, was heute ist und garantiert zum Tod führt, zum Lehrmeister unseres Lebens werden. Steve Jobs, der Gründer von Apple, sagte:

„Als ich 17 war, las ich ein Zitat das ungefähr so klang: Wenn du jeden Tag so lebst, als wäre es dein letzter, wird es höchstwahrscheinlich irgendwann richtig sein. Das hat mich beeindruckt und seit damals, in den vergangenen 33 Jahren, habe ich jeden Morgen in den Spiegel geschaut und mich gefragt: Wenn heute der letzte Tag in meinem Leben wäre, würde ich das tun, was ich mir heute vorgenommen habe? Und jedes Mal, wenn die Antwort nein war für mehrere Tage hintereinander, wusste ich, ich muss etwas verändern. Mich zu erinnern, dass ich bald tot sein werde, war für mich das wichtigste Werkzeug, das mir geholfen hat, die großen Entscheidungen im Leben zu treffen. Denn fast alles, alle äußeren Erwartungen, der ganze Stolz, die ganze Angst vor dem Versagen und der Scham – diese Dinge fallen einfach weg angesichts des Todes und lassen nur übrig, was wirklich wichtig ist. Sich zu erinnern, dass man sterben wird, ist der beste Weg, den ich kenne, wie man der Falle entgehen kann zu glauben, man hätte etwas zu verlieren. Du bist vollkommen nackt. Es gibt keinen Grund, um nicht seinem Herzen zu folgen."

Geht es Ihnen auch so? Es beeindruckt, was Menschen über den Tod und vor allem an der Schwelle des Todes sagen. In diesen Aussagen, geht es um den Kern dessen, was einem selbst (und nicht den anderen, denen man es recht machen möchte) wirklich wichtig ist.

„Jetzt beginnt der Rest Ihres Lebens!"

EinsichT: Wie gehen Sie mit dem Tod um?

Was, glauben Sie, ist Ihnen wirklich (noch) wichtig im Angesicht des Todes?

Nutzen Sie die Gewissheit Ihres Todes für die Qualität Ihres heutigen Lebens? Wenn ja, wie?

SCHLUSS FÜR SIE

Nach den Themen, die unter die Haut gehen, lassen Sie uns noch einen Schritt weiter gehen. Lassen Sie uns jetzt die Distanz verkleinern, um dem versprochenen Ziel – Lebensqualität und Gelassenheit im Alltag und Beruf – näher zu kommen. Denn in „Geht's noch?" geht es weiter, es geht um Sie!

Nehmen wir uns jetzt deshalb die Ansprache „Sie" vor. Was verbirgt sich dahinter? Was gibt Ihnen das „Sie"? Steht es für Seriosität? Bewahrt es Distanz? Drückt es Respekt aus? Oder gehört es für Sie einfach zur erlernten Etikette?

Ein Freund teilte mir mit, er würde nie ein Buch lesen, wenn es in der „du"-Form geschrieben ist. Es ist bemerkenswert, welche Macht hier dem Wort „du" beziehungsweise dem „Sie" verliehen wird! Welche Macht wird dadurch dem Autor eingeräumt, einem Menschen, den der Leser meist nicht persönlich kennt? Einem Anonymen, der nur bestimmte Wörter wählt und Sätze formt, welche erst beim Lesen persönliche Bedeutung gewinnen. Das zeigt wieder einmal deutlich: Nur ein gelesenes Buch kann provozieren!

EinsichT: Nähe und Distanz

Welche Macht geben Sie mir als Autor? Welche Nähe lassen Sie zu? Macht Sie ein „du“ verwundbar, angreifbar?

Welche Distanzen bauen Sie im Leben auf? Aus welchem Grund? Um was zu vermeiden? Oder gleich wichtig: Welche Nähe lassen Sie zu, um dadurch was zu erreichen?

Lassen Sie uns jetzt das „du“-Experiment machen. Einverstanden? Falls Ihnen, Verzeihung, dir das zu direkt wird, hier ein paar Anregungen, damit umzugehen:

EinsichT: Du-Übung

1. *Du beharrst auf das „Sie“? Dann ist das Buch für Sie hier zu Ende! Die Hälfte des Buchpreises ist hinausgeworfenes Geld.*
2. *Du gibst das Buch einem guten Freund und lässt es dir vorlesen.*
3. *You can find someone who translates the book for you.*
4. *Du lässt dich durch das „du“ ärgern und liest trotzdem weiter.*
5. *Du findest eine weitere Möglichkeit für dich …*

Wie geht's dir damit?

GUT-SCHEIN

Hast du schon einmal Gutscheine verschenkt oder selbst geschenkt bekommen? Wie viele davon sind eingelöst worden?

Es ist verführerisch, das Gute in die Zukunft zu verlegen. Die Hoffnung darauf zu setzen, dass das Gute erst kommen wird. Doch eigentlich sollte uns, sollte dich, die Erfahrung klüger machen. So wenig wir unsere Gefühle „im Kühlschrank" frisch halten können für den Zeitpunkt, wo sie gebraucht werden, so wenig nutzen uns Gutscheine, die nicht eingelöst werden. Ein Gutschein bleibt ein scheinbares Geschenk, bis wir ihn einlösen. Die vermeintlich lange Haltbarkeit eines Gutscheins ist nur Schein!

Pack deshalb die Gelegenheiten beim Schopf – mach aus jedem Gutschein schnell ein Gutsein. Anpacken passt auch auf die Frage „Geht's noch?“ Denn manchmal geht's noch eine Weile gut, oder es scheint sogar wieder gut zu werden – und plötzlich ist es zu spät. Oder wie Michail Gorbatschow es treffend sagte:

„Wer zu spät kommt, den bestraft das Leben.“

Diese Seite ist für dich ein Gutschein. Du bekommst als Leser dieses Buches auf ein DIRA EinsichT-Seminar die Anmeldegebühr gut geschrieben. Garantiert.

GLÜCK

Zunächst eine Definition:

Glück bezieht sich auf die Erfüllung menschlichen Wünschens und Strebens. Glück beschreibt Empfindungen vom momentanen Glücksgefühl bis zu anhaltender Glückseligkeit. Glück kann uns aber auch als ein äußeres Geschehen begegnen, zum Beispiel als glücklicher Zufall oder als eine zu Lebensglück verhelfende Schicksalswende.

Klingt diese Definition kompliziert für dich? Verwirrend, dabei ist der persönliche Glücksmoment klar spürbar und Glück macht das Leben einfach einfach. Kein Wunder, denn Glücksgefühle verändern unseren Stoffwechsel positiv. Das lässt sich zum Beispiel nachweisen am Spiegel der Stoffe Endorphin und Oxytocin sowie den Neurotransmittern Dopamin und Serotonin in deinem Blut. Ein Teil dieser Stoffe wird auch während und nach körperlicher Anstrengung ausgeschüttet. Deshalb vertreibt Bewegung Sorgen. Schon dieses Beispiel zeigt, dass wir zwar keine Garantie auf Glück haben, aber etwas dafür tun können. Menschen streben nach Glück, weil es sich einfach gut anfühlt. Der römische Dichter und Staatsmann Seneca (erstes Jahrhundert n. Chr.) sagte:

„Wir alle streben nach Glück und einem erfüllten Leben."

Deshalb finden „Glücksratgeber" und Workshops zum Glück Zuspruch. Doch Vorsicht: Wer zuviel nach dem Glück strebt wird unglücklich. So hat Iris Mauss, Assistenzprofessorin an der Universität von Denver, folgendes Fazit aus ihren Studien gezogen:

„Um die Früchte des Glücks auch wirklich zu ernten, sollten es die Menschen nicht umso mehr wollen, sondern weniger."

Denn wer Glück vor allem als persönliches Gefühl definiert, legt mehr Wert auf sich selbst, auf seinen ganz eigenen Erfolg in Beruf und Privatleben. Darunter leiden soziale Verbindungen. Und das macht unglücklich und einsam. Darüber hinaus ist es beim Glück wie bei allen anderen Dingen: Zu viel von einer Sache macht die Sache weniger reizvoll – der Gewöhnungseffekt tritt ein. Ein reiches Leben lebt von der Bandbreite an Gefühlen, Erlebnissen und Ereignissen. Glück kann dann am intensivsten empfunden werden, wenn man auch das Unglück kennt. Wer nur im Sonnenschein segelt, weiß nicht, was ein Sturm bedeutet. Haben wir Einfluss auf Sonne und Sturm? Nein – auch dafür gibt es keine Garantie! Ein bewegtes Leben ist vergleichbar mit einem Pendel, nur wenn es auf beide Seiten stark ausschlagen kann, schlägt es kräftig.

Elizabeth W. Dunn von der University of British Columbia, Daniel Gilbert von der Harvard University und Timothy D. Wilson von der University of Virginia haben zahlreiche Studien[16] zum Thema Glück ausgewertet. Das Fazit: Materielle Dinge machen weniger lang glücklich als immaterielle Dinge. So macht ein Konzert oder eine Massage länger glücklich als eine Handtasche (erinnern Sie sich noch an das Kapitel Müll?).

- Anderen zu helfen macht glücklicher, als nur nach seinem eigenen Vorteil zu leben.
- Es macht glücklicher, häufiger kleine „Glücksmomente“ zu erleben, als das große Glück einmal zu haben.
- Vergleichen macht unglücklich. Der Fokus wird nämlich auf das gerichtet, was fehlt, auf das, was mangelhaft ist.
- Und – das passt zu diesem Kapitel: Das Streben nach Sicherheit und Garantien macht nicht glücklich. Menschen kommen mit negativen Erlebnissen besser klar, als sie glauben.

Und so passt zum Schluss ein Zitat von Christian Wernike, einem deutschen Diplomaten und Epigrammdichter des 17. Jahrhunderts:

„Die Unbeständigkeit des Glücks ist unser Glück."

Schön, dass wir auf die Unbeständigkeit der Dinge eine Garantie haben!

Grimms Märchen „Hans im Glück" erzählt von dem jungen Burschen Hans, der nach sieben Jahren fleißigen Arbeitens als Lohn einen Klumpen Gold so groß wie sein Kopf erhält. Auf seiner Heimreise trifft er auf einen Reiter und wünscht sich auch so leicht und unbeschwert über Stock und Stein zu traben. Der Reiter hört dies und tauscht sein Pferd gegen den Goldklumpen. Hans setzt nun voller Freude seinen Weg fort und tauscht auf seiner Reise dieses Pferd gegen eine Kuh, die Kuh gegen ein Schwein, das Schwein gegen eine Gans und die Gans schließlich gegen einen Schleif- und Feldstein. Dabei ist Hans immer davon überzeugt, einen guten Tausch zu machen. Von der Last der schweren Steine völlig erschöpft, lässt er sich an einem Brunnen nieder und will gerade trinken, als aus Versehen die beiden Steine in den Brunnen fallen. Doch statt nun traurig über den Verlust zu sein, fällt er vor Freude auf die Knie und dankt Gott für die Entlastung. Mit großen Sprüngen und völlig unbeschwert zieht er weiter …

ES WIRD ANDERS

Eine Garantie im Leben ist stetige Veränderung, denn Leben heißt Veränderung. Wie gehst du mit Veränderungen im Leben um? Eine Frage, die sich lohnt, genauer überprüft zu werden, auf eine unterhaltsame Art und Weise mit dieser Übung:

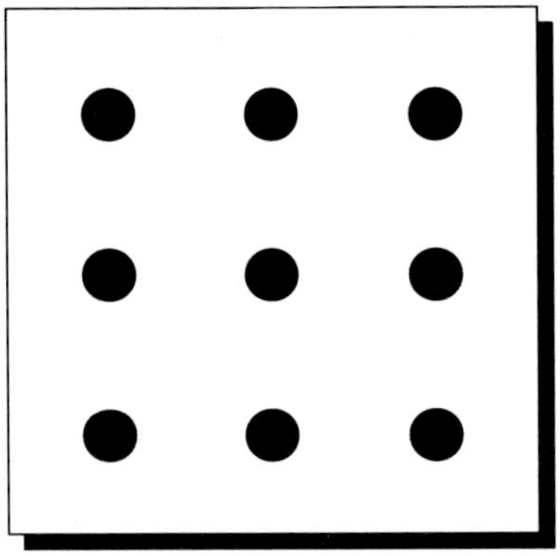

Verbinde mit höchstens vier Strichen alle neun Punkte dieser Grafik: Einzige Bedingung: Der Stift darf nicht abgesetzt werden.

Wenn du „auf dem Schlauch stehst“, eine kleine Hilfe: Manche glauben, dass der Rahmen als Begrenzung dient und die Linien nicht darüber hinausgehen dürfen. Das kann die Lösungsfindung erschweren.

Erste Zwischenbemerkung: Deine Lösung steht in Beziehung zu deinen Wahrnehmungsfiltern und Etiketten – auch dein alltäglicher Umgang mit Veränderungen beeinflusst deine Lösung. Vielleicht beginnst du gar nicht, die Aufgabe zu lösen, da Fuzzy sich gleich meldet: „Du kannst das nicht.“ „ Ich habe keine Zeit für Spielereien.“ „Schau doch gleich die Lösung an.“ „Was bringt dir das?“ „Wieder so eine Übung.“ „So was Kindisches …“

Vielleicht kennst du die Lösung bereits und entscheidest, dass die Aufgabe deshalb nicht mehr spannend ist. Schade, denn … (gleich mehr!)

Die (erste!) Lösung findest du am Ende des Buches. Warte aber bitte noch mit dem Nachschauen, bis du das ganze Kapitel gelesen hast.

Zweite Zwischenbemerkung: Wenn du eine Lösung gefunden hast, suchst du dann noch weitere Lösungen? Vergleiche das mit deinem Alltag: Gibst du dich mit einer, mit der erstbesten Lösung zufrieden? Wenn ja, dann bewegst du dich vielleicht auf einer Einbahnstraße. Was ist, wenn diese Straße als Sackgasse endet? Wenn du dagegen neugierig bleibst oder wirst und nach weiteren Optionen Ausschau hältst, stehen dir mehrere Wege offen und du kannst dein Leben reichhaltiger leben.

Zurück zu dem Rätsel. Welche Vorannahmen kannst du verändern, um weitere Lösungen zu finden? Du könntest zum Beispiel das Papier zerrei … Hast du schon eine neue Idee? Diese zweite Lösung findest du ebenfalls am Ende des Buches.

Wenn du bereit bist weitere Parameter zu verändern, findest du noch eine dritte Lösung. Willst du erst selber experimentieren oder gleich weiterlesen? Muss die Linie wirklich dünn sein? Bringt dich das auf eine neue Idee? Auch diese dritte Lösung findest du am Ende dieses Buches. Lass dich überraschen!

Dritte Zwischenbemerkung: Übrigens, an welchen Kriterien misst du die Qualität deiner Lösungen? Machst du es dir gewöhnlich einfach oder schwer? Oder überlässt du häufig die Bewertung deiner Lösungen anderen – machst du es dir dadurch einfach oder schwer?

Manche interpretieren bei dieser Aufgabe die Linie als eine Kurve und geben sich mit einer ganz einfachen Lösung zufrieden. Hätte diese weitere Lösung für dich gepasst? Gespannt auf mögliche Lösungen am Buchende?

ORIENTIERUNG

Wie alles begann

Möchtest du wissen, wie es zum EinsichT-Namen und zur EinsichT-Orientierung gekommen ist? Dann findest du hier ein paar Hintergründe zu meiner Person und zu der Entstehungsgeschichte. Falls dich das nicht interessiert, geh einfach weiter zu der nächsten Überschrift „Es geht um dich" und lass dich praktisch inspirieren.

In meiner 20-jährigen Trainings-, Seminar- und Coachingtätigkeit habe ich viele verschiedene Methoden, Werkzeuge und Philosophien kennengelernt. Aus dieser Vielfalt entstand, in Verbindung mit eigenen Ideen und der langjährigen Erfahrung, etwas Eigenes. Etwas, was mir entspricht und den Klienten, Coachees und Seminarteilnehmern wertvolle Impulse gibt. Passend für eine Zeit der hohen Ansprüche, der Hektik und der Komplexität. Alltagstauglich und wirkungsvoll.

Mit der EinsichT-Orientierung wurde das Rad nicht neu erfunden, sondern es wird auf die eigene Art gedreht. Denn die Philosophie hinter EinsichT ist, genauer gesagt, fast 2000 Jahre alt und hat ihre Wurzeln bei den sogenannten Stoikern. Ein Vertreter dieser Philosophenschule, der Grieche Epiktet, erkannte:

„Nicht die Dinge an sich beunruhigen den Menschen, sondern seine Sicht der Dinge."

Er sah in dieser Haltung den Schlüssel für Gelassenheit, Lebensqualität und Zufriedenheit. Elemente dieser stoischen Haltung entsprechen der EinsichT-Orientierung: Viele Dinge könnten wertfrei betrachtet werden – dazu zählen das Leben, die Gesundheit, die Lust, die Schönheit, die Stärke, der Reichtum und das gute Ansehen. Genauso wertfrei könnten auch ihre Gegenpole betrachtet werden: der Tod, die Krankheit, der

Schmerz, die Hässlichkeit, die Schwäche, die Armut und der schlechte Ruf. Das kann für manche eine provozierende Sicht der Dinge sein, weil diese Haltung dem widerspricht, was unsere Gesellschaft prägt. Doch es gibt genauso gute Gründe, diesen Dingen mit Gleichmut zu begegnen: so kann zum Beispiel Gesundheit und Krankheit sowohl gut als auch schlecht „gebraucht" werden. Ein Kerngesunder kann des Lebens überdrüssig sein und ein ernst Erkrankter plötzlich sein Leben als reich und lebenswert erleben. Genauso kann ein Gesunder glücklich sein und ein Kranker verzweifeln. Alles ist möglich – es kommt darauf an, was man daraus macht! Auch Reichtum, Schönheit und persönliche Stärken können gut und schlecht gebraucht werden. Dazu fallen dir bestimmt Beispiele ein. Diese Philosophie der Gleichmütigkeit war nie ganz vergessen und beeinflusste Philosophen und Denker in der Historie mal mehr, mal weniger. Die EinsichT-Orientierung verbindet und ergänzt diese Lebensorientierung mit neuen psychologischen und neuronalen Erkenntnissen. So entwickelte sich EinsichT zu einem eigenständigen Konzept zur Persönlichkeitsentwicklung. Die EinsichT-Orientierung ist keine neue, marktschreierisch vermarktete M(eth)ode, die dir Glück oder Erfolg verspricht. EinsichT ist frei von religiösen Orientierungen, frei von Sektentum und starren Lebensregeln. EinsichT ist ein Weg zu mehr persönlicher Freiheit in Verantwortung für dich und dein Umfeld. So kannst du dich von dem oft selbstgemachten Zwang, „immer schneller, immer besser, immer anders" sein zu müssen, lösen. Das kann sich äußern, indem du

- weniger Stress und mehr Energie hast.
- besser mit dir und deiner Gesundheit umgehst.
- deine Beziehungen durch Selbsterkenntnis verbesserst.
- Dinge anpackst, anstatt über Vergangenes zu grübeln oder dich in Zukunftsträumen zu verlieren.
- deine Art des Denkens veränderst und neue Lösungen findest.
- Herausforderungen annimmst – selbst-bewusst.
- die Kraft des Moments nutzt.
- Verantwortung für die Fußabdrücke in deinem Leben übernimmst.

Das spiegelt auch die Wortmarke EinsichT wider. Die Erkenntnis, dass

- du deine Einsicht bereits in dir hast,
- die Einsicht „in sich“ zur *EinsichT* führt,
- die Sicht der Dinge immer nur eine Sicht der Dinge ist – deine!

Das fokussiert, vereinfacht und macht einsichtig. Mit der EinsichT-Orientierung kannst du dich bewusst entscheiden, deine Wünsche und Sehnsüchte zu leben und dir selber treu zu sein. Das führt zu mehr Zufriedenheit, Gelassenheit und Lebensqualität. EinsichT gibt Anstöße, stellt Fragen – und nutzt deinen ganz normalen Alltag als Spiegel.

EinsichT bewegt, EinsichT verändert, EinsichT deckt auf, EinsichT verführt dich zurück zu dir, deiner wahren Natur – in jedem Moment, denn EinsichT ist und braucht Praxis.

Und damit schließt sich der Kreis zu den Stoikern. Denn das Wort Praxis (griechisch: πρᾶξι) kommt aus dem Griechischen und bedeutet Handlung, Verrichtung und Vollendung.

Es geht um dich

Genau! In der EinsichT-Orientierung geht es immer um dich. Du fokussierst dich auf deine Art der Selbstwahrnehmung, auf dein Wirken, auf dein Selbst-Bewusst-Sein. Um hier gleich Missverständnisse auszuräumen: dabei geht es nicht um Egoismus und Narzissmus!

Deshalb an dieser Stelle zwei wichtige Grundgedanken zum Selbst, zum besseren Verständnis, um was es in der EinsichT-Orientierung geht:

Selbstbezogenheit bedeutet, dass du für deine Emotionen, Erlebnisse, Ansichten und Wahrnehmungen die Verantwortung übernimmst. Diese Einstellung beeinflusst auch das Miteinander. Wenn du akzeptierst, dass deine Sicht der Dinge einzigartig ist, gestehst du diese Einzigartigkeit auch deinen Mitmenschen zu. Das zeigt sich in einer respektvolleren Art des Umgangs und ermöglicht dir, Konflikte anders wahrzunehmen und zu lösen.

Selbstverantwortung zu übernehmen heißt nicht Schuld zu übernehmen. Krankheit, Schicksalsschläge, schwierige Lebenssituationen sind keine Strafe, für die du dich zu verantworten hast – genauso wenig wie schöne Begebenheiten und Glück der verdiente Lohn für ein gutes Leben sind. Verantwortung für sein Leben zu übernehmen bedeutet: die eigene Kraft zu nutzen, um die Situationen des Lebens anzunehmen und das Beste daraus zu „machen". Du weißt einerseits um die Subjektivität deiner persönlichen Wirklichkeit und andererseits um deine Möglichkeiten, das eigene Leben verantwortlich zu gestalten. Das Wissen um die „selbstgemachte" Wirklichkeit heißt nicht, dass es keine gemeinsam erlebte Realität gibt. Machen wir es am Beispiel einer erlebten Hochwasserkatastrophe deutlich. Dieses reale Ereignis hinterlässt gemeinsame Spuren in den persönlichen Wirklichkeiten aller Betroffenen. Alle werden sich darauf einigen, ein schlimmes Hochwasser erlebt zu haben. Doch schon die „Bilder im Kopf" jedes Einzelnen werden sich (selbst bei gleicher Blickrichtung) unterscheiden. Noch unterschiedlicher werden die Reaktionen auf dieses Erlebnis sein. Manche werden kämpfen, um die Schäden zu beheben, manche werden wie gelähmt sein, manche Ängste entwickeln. Manche zerbrechen an solchen Erlebnissen, andere nutzen diese, um daran zu wachsen. Selbstverantwortung heißt, aus der Opferrolle hinauszuwachsen und zum aktiven Gestalter zu werden im Rahmen seiner Möglichkeiten.

Was wirkt? Und wie?

In der EinsichT-Orientierung bist du dir bewusst, dass deine Einstellungen, Gedanken und Empfindungen deinen Körper beeinflussen. Wenn dir das zu abgehoben oder zu wenig wissenschaftlich erscheint, überlege einmal: Wer produziert deine Tränen, wenn du traurig bist, wer sorgt für das flaue Gefühl im Magen bei Lampenfieber? Wer lässt deine Augen strahlen und Mundwinkel nach oben ziehen bei großer Freude und wer lässt die Schmetterlinge des Verliebtseins flattern? Das alles und viel mehr wird vom Gehirn aktiviert und im Körper aufgrund deiner Emotionen erlebt. Auch die Wirkung von Placebos zeigt diese Macht auf.

Bist du jetzt heiß auf Praxis, heiß darauf, deine alten Rollen und Muster zu prüfen und mehr zum „Macher" deines Lebens zu werden, anstatt nur zu „funktionieren"? Oder in Abwandlung des bekannten IKEA-Slogans:

Lebst du schon oder funktionierst du noch?

SPRACHE

Sprache und Worte haben Macht und Magie! Im Märchen öffnen „Zauberworte“ Schatzkammern. Alleine mit Worten werden gute Mächte beschworen und böse Mächte besiegt. Auch in unserem Alltag erleben wir die Macht der Worte – sie beeinflusst Kaufentscheidungen genauso wie bedeutende politische Entwicklungen. Die bewusste Wortwahl, der richtige Ausdruck fordert Reflexion. Wer um das rechte Wort ringt, muss die Komfortzone verlassen.

Du erinnerst dich an Fuzzy (symbolisiert, als der mit dem Nashorn ...) und seinen ständigen Dialog mit dir. Fuzzy ist ein gewandter Gesprächspartner – und besonders gewandt, wenn es darum geht, sich und dich herauszureden. Er hat es jahrelang trainiert. Ihm ist mit „normaler“ Sprache nicht so einfach beizukommen. Dazu muss eine andere Form der Sprache her. Eine Sprache, die Fuzzy demaskiert. Die dazu führt, dass Fuzzy Stellung bezieht. Dazu ein Zitat von Albert Einstein:

***„Probleme lassen sich niemals auf der Ebene des Denkens lösen,
auf der sie auch entstanden sind.“***

Das Wechseln der Ebenen des Denkens erreichst du mit der EinsichT-Sprache. Diese Form der Sprache wurde von den amerikanischen Psychologen John und Joyce Weir als therapeutisches Werkzeug entwickelt. Diese EinsichT-Sprache eröffnet eine neue Art des Denkens, Fühlens und Erlebens.

Hinweis: Eine neue Sprache zu lernen kostet Zeit – und eine Sprache durch Buchlektüre zu lernen ist vielleicht nicht gerade die effektivste Möglichkeit. Um dich in der EinsichT-Sprache gewandt ausdrücken zu können, brauchst du wahrscheinlich mehr als nur die Impulse in diesem Kapitel. EinsichT-Sprache übst du am besten im Rahmen eines Coachings oder eines Seminars – und der Rest ist Übung.

Deshalb geht's in „Geht's noch?“ nur um den „Grundwortschatz“ der EinsichT-Sprache.

Experimentiere mit dieser Sprache und du wirst die Wirkung spüren! Lasse dich einmal für einen Tag auf die folgenden Sprachregeln ein.

Folgendes kennzeichnet die EinsichT-Sprache:

Grundregeln 1: Verzichte auf Lob und Tadel, um etwas zu erreichen

Lob und Tadel sind uns vertraut – als Erziehungsmaßnahme von Kindesbeinen an, als Motivator im Beruf und im Alltag. Bewertet zu werden und andere zu bewerten nimmt einen großen Raum in Gesprächen ein. Sei dir bewusst, dass der Maßstab für gut und schlecht, für richtig und falsch ausschließlich von deinen Prägungen, deinen Werten und Erfahrungen abhängt. Sei dir bewusst, dass dich wahrscheinlich Wertungen häufig zur Verteidigung oder zu Auseinandersetzungen nötigen und Konflikte auslösen können. Lob und Tadel machen uns (und andere) entweder größer oder kleiner. Verzichte einmal auf dieses, vielleicht unbewusste, Größer- und Kleinermachen. Nach etwas Übung stellst du fest: Das Leben wird bunter, reicher und du erlebst eine neue Art des Respekts und der Liebe dir und anderen gegenüber.

Grundregel 2: Sprich in der Zeitform der Gegenwart

Mache dir bewusst, dass der Moment alles ist, was du hast. Selbst wenn du dich mit der Vergangenheit oder der Zukunft beschäftigst, machst du das in diesem Augenblick! Deshalb nutze das Präsens, wenn du über deine Emotionen und Gedanken sprichst! Du wirst dich mehr in der Gegenwart erleben, dich konzentrierter und entspannter wahrnehmen. Du verlierst dich nicht zwischen dem, was war, und dem, was vielleicht kommen wird.

Grundregel 3: Erkenne dich als Bezugs- und Ausgangspunkt deiner „Geschichten"

Mache dir folgendes bewusst:

- Deine Wahrnehmung ist (nur) deine Wahrnehmung (vgl. Illusion der Wirklichkeit) – du weißt und akzeptierst, dass deine Wahrnehmung subjektiv ist.
- Deine Gefühle und Erfahrungen sind (nur) deine Gefühle und Erfahrungen – du akzeptierst, dass deine Gefühle und Erfahrungen von deinen Mustern geprägt sind.
- Dein Sein ist (nur) dein Sein – du akzeptierst dich, wie du bist. Du erkennst und stehst zu deinen Euphorien, deinen Ängste, deinen Stärken und Schwächen.

Mit diesem Bewusstsein übernimmst du die Verantwortung für deine Sicht der Dinge, für deine Reaktionen und für dein So-Sein. Deine Kommunikation wird sich dadurch verändern: Dir wird es leichter fallen, zuzuhören und den anderen in seiner Art zu verstehen. Dir wird es leichter fallen, entspannt und authentisch Haltung zu zeigen, frei von den Wertungen anderer. Das ist die Basis für eine wirksame Kommunikation auf Augenhöhe.

Verdeutlichen wir die EinsichT-Sprache anhand eines alltäglichen Satzes:

„Ich ärgere mich über den Chef."

Nach den Regeln der EinsichT-Sprache umformuliert könnte dieser Satz lauten:

„Ich mache mich über den Chef ärgernd in mir."

Natürlich, das klingt zunächst komisch (wahrscheinlich ist auch Fuzzy gleich wertend aktiv: was soll dieser Quatsch, das ist kein richtiger Satzbau). Du musst diesen Satz ja auch nicht aussprechen. Oft reicht es, den Satz im inneren Dialog so umzuformulieren.

Überprüfe jetzt, ob diese Umformulierung für dich Sinn macht, weil sie präzise ist.

„Ich mache mich
(„Ich" bin verantwortlich für meine Reaktion. Ich habe Einfluss, ich kann „mich machen".)

... über den Chef
(Ich mache mir ein Bild von meinem Chef. Meine Wahrnehmungs-Illusion filtert und lässt den Chef in dem entsprechendem Licht erscheinen.)

… ärgernd in mir.“
(Ich mache mir bewusst, dass der Ärger in mir entsteht – nirgendwo anders.)

Der Satz könnte alternativ ebenfalls so formuliert Sinn machen:

„Ich nutze den Chef in mir, um mich zu ärgern.“

Denn wenn wir uns ärgern, ist es manchmal nicht nur ärgerlich, sondern wir nutzen diese Emotion oft unbewusst, um etwas Bestimmtes zu erreichen. Wir könnten zum Beispiel unsere Meinung über die Unfähigkeit unseres Chefs bestätigt bekommen. Oder es schweißt uns mit den Kollegen zusammen, die den Chef auch nicht mögen. Oder wir machen uns in unserer Vorstellung besser und den Chef schlechter.

Wenn du den Satz „Ich ärgere mich über meinen Chef“ aussprichst, gibst du dem Chef die Macht über deinen Ärger. Er kann (scheinbar!) dafür sorgen, dass du dich ärgerst. Ist dem wirklich so? Falls du das annimmst, machst du den Chef zum Täter und dich zum Opfer.

Mit der Umformulierung: „Ich mache mich über den Chef ärgernd in mir“, machst du dich zum Akteur deines Ärgerns. Du ärgerst dich zunächst genauso, dein Blutdruck mag genauso erhöht sein, aber du erkennst deinen Anteil und damit deine Möglichkeiten, dieses Ärgern umzuwandeln, anders zu bewerten. Dadurch bist du bereits in Schritt zwei des EinsichT-Prozesses. Dann besteht die Möglichkeit, dass du die weiteren Stufen durchläufst und sich dein Ärgern verändert – es für dich leichter wird.

Noch ein Argument dafür, sich auf das zu konzentrieren, was in der eigenen Macht steht. Glaubst du wirklich noch, dass du deinen Chef (deinen Partner, deine Familie, die Kanzlerin, den unfreundlichen Menschen am Telefon, …) so verändern kannst, dass er dich nicht mehr ärgern wird?

Einsich*tig* betrachtet könnte das Ärgern zudem viele Gründe haben:

- Dein Chef hat eine schlechte Zeit, der Ärger hat überhaupt nichts mit dir zu tun.
- Du erkennst deine Fehler und ärgerst dich darüber eigentlich mehr als über die ärgerliche Kritik deines Chefs.
- Dein Chef erinnert dich an einen Menschen, den du nicht magst.
- Du wertest die für dich negativen Eigenschaften deines Chefs bedeutender für dich als seine guten Seiten, die du vielleicht gar nicht sehen möchtest.
- Oder, wie schon angedeutet: Der Ärger über deinen Chef verbindet dich mit Kollegen, die den Chef auch nicht mögen.
- Du genießt zeitweiligen Ärger als gewohnten Teil von dir.
- Ärger und Konflikte machen das Leben spannend, reißen dich aus dem Trott, du hast etwas zu erzählen.

Diese Liste kannst du sicher ergänzen. Vielleicht hast du bei anderen, die sich ärgern, schon oft die Gründe dahinter klar erkannt. Die EinsichT-Sprache hilft dir, die „Eigenblindheit" zu überwinden. Lass dich einmal auf dieses Experiment ein – wahrscheinlich geht es dir wie vielen. Der Nebel lichtet sich …

Damit kein falscher Eindruck entsteht: Als „EinsichT*iger*" darfst du und sollst du dich herzhaft ärgern, ausgelassen freuen, dich tödlich langweilen. Mit der EinsichT-Orientierung kannst du diese Emotionen schneller loslassen oder bewusster genießen. Ärgern um des Ärgerns willen, lachen um des Lachens willen befreit und stärkt ungemein. Gelassenheit ist nicht (nur) angeboren – Dinge gehen zu lassen kann geübt werden. Am effektivsten im Alltag, nicht nur dein Blutdruck wird es dir danken.

Mit mehr EinsichT wird es schwieriger, sich und anderen das Leben so richtig schwer zu machen. Dafür lebst du kraftvoller und genüsslicher!

SCHRITTE DER VERÄNDERUNG

„Der Prozess der Veränderung führt nicht immer zu Wachstum. Der Prozess des Wachstums führt immer zur Veränderung."
Jake Eagle

Sich verändern zu wollen, mehr auf der Sonnenseite des Lebens zu stehen, unangenehme Dinge hinter sich zu lassen – das sind elementare menschliche Bedürfnisse. Doch oft bleibt es beim Vorsatz! Das gilt nicht nur für Silvestervorsätze. Fest steht: Veränderungen, vor allem dauerhafte Veränderungen von festgefahrenen Mustern, gelingen nicht leicht! Selbst mit professioneller therapeutischer Hilfe. Bücher über verschiedene Methoden zur Veränderung füllen Regale und unzählige Seminare versprechen nachhaltige Veränderungsimpulse.

In „Geht's noch?" wirst du keine ultimative Veränderungsmethode kennenlernen. Kennenlernen wirst du eine neue Form der Wahrnehmung, eine neue Form des Denkens. Du lernst dich stärker auf das zu fokussieren, was ist! Nicht auf das, was war oder was sein sollte. Du unterbrichst alte Muster, schaltest deinen Autopiloten aus und agierst.

Wie geht das? Mit den 6 Schritten des EinsichT-Prozesses. Was hier so ausführlich beschrieben ist, kann je nach Situation und Dramatik unterschiedliche Zeitspannen einnehmen. Der gesamte Prozess kann Sekunden, Tage, Wochen, Monate oder Jahre dauern. Für manche Themen reicht nicht mal ein Leben!

Schritt 1: Bewusste Aufmerksamkeit

Wie kommst du deinem Autopiloten auf die Schliche? Immer dann, wenn dich eine Emotion triggert, stelle dir die Frage: „Wie mache ich mich?" Dadurch verlagerst du die Aufmerksamkeit und wirst zum neutralen Beobachter. Dieser Zustand wird Dis-Assoziation genannt. In dieser Haltung nimm dich einfach wahr und mach dir bewusst, wie „du dich machst" (das ist EinsichT-Sprache). Genau in diesem Moment. Mehr nicht. Das ist die bewusste Aufmerksamkeit.

Was passiert dadurch? Du unterbrichst die Ursache-Wirkungs-Kette und richtest dich nicht nur nach dem Autopiloten. So entsteht zwischen Emotion und der Reaktion ein kurzer Moment der Freiheit. Nutze diese Freiheit! Du spürst die Veränderung und bist nicht mehr im Zustand der Ohnmacht – im Gegenteil, du gibst dir die Vollmacht.

Schritt 2: Annehmen dessen, was du wahrnimmst

Jetzt geht es darum zu prüfen, ob du bereit bist, dich so zu akzeptieren, wie du dich machst. Verdeutlichen wir es an einem Beispiel des Ärgerns. In Schritt 1 machst du dir bewusst, dass du dich ärgerst. In Schritt 2 prüfst du nun, ob du dieses Ärgern für dich akzeptierst oder ablehnst.

Wenn Du dieses Ärgern akzeptierst, gehst du damit in den Prozessschritt 3.

Es kann auch sein, dass du dieses Ärgern nicht annehmen kannst und deshalb dein Ärgern verurteilst. Dann kann es für dich sinnvoll sein, mit dieser Emotion, Reaktion und Ansicht den EinsichT-Prozess auf dieser Stufe zunächst ruhen zu lassen. Dann kannst du das „Ruhenlassen“ als neuen Ausgangspunkt für den Schritt 1 „Wie mache ich mich damit?“ nehmen. Wenn du dieses „Ruhenlassen“ akzeptiert, gehe damit in den Prozessschritt 3.

Schritt 3: Abwägen

In manchen Situationen wird es für dich passen, gleich zu Schritt 4, dem Ausleben des Ärgerns, zu gehen, weil der Schritt Abwägen für dich nicht notwendig ist.

In anderen Situationen ist dieses sofortige Ausleben für dich noch nicht akzeptabel. Dann bleib in Schritt 3 und wäge zunächst ab. Abwägen heißt, dass du (immer noch aus der Position des Beobachters) dir die Frage stellst:

„Wie möchte ich mich in dieser Situation wirklich verhalten?“ (In EinsichT-Sprache übersetzt: Wie möchte ich mich in dieser Situation machen?)

Nun stelle diese Wunsch-Situation der Ist-Situation gegenüber. Prüfe und wäge ab, ob du bereit bist, die Konsequenzen für dein Wirken auf andere und auf dich zu tragen? Entspricht das deinem Naturell? Wenn du das bejahst, trau dich und setz dein Wunschverhalten um. Das ist schon Schritt 4.

Greifen wir wieder das Beispiel von vorher auf, um diesen Schritt 3 zu verdeutlichen. Du wägst ab, was passieren kann, wenn du dein Ärgern (vielleicht dein neues Wunschverhalten) mitteilst. Es könnte sein, dass Konflikte eskalieren und Beziehungen brechen – oder dass neues Vertrauen entsteht. Kannst du wirklich wissen, was passiert (vgl. Die Illusion der Auswirkungen)? Denke auch zurück an den Paragraph 1 des Grundgesetzes: Wie nutzt du deinen freien Willen? Entscheide dich! Oder in EinsichT-Sprache: Mach dich einfach! So oder so. Und schon bist du in Schritt 4.

Schritt 4: Ausleben

Jetzt ist der Zeitpunkt gekommen, deine Position des Beobachters zu verlassen und zu handeln, dich auszuleben. Experimentiere dich, mit allem was dazugehört. Sei und bleib dir treu. Nicht verkopft, sondern empathisch mit „Herz, Haut und Haar". Sinnlich achtsam!

Praktisch heißt das in dem Fall, wenn du dein Ärgern mitteilen willst, ärgerst du dich bewusst des Ärgerns wegen! Authentisch, direkt, selbstverantwortlich mit allen Konsequenzen! (Intelligent kann es sein – vor allem, wenn du ein impulsiver Mensch bist – den Schritt 3 Abwägen vorher gemacht zu haben.)

Schritt 5: Abwarten

Solange dich die gleichen Situationen triggern, durchlebe die Schritte 1 bis 4 immer wieder, bis der Reiz abnimmt. Du wirst merken, dass sich dein Autopilot verändert, sich umprogrammiert oder vielleicht gar nicht mehr aktiv wird. Dieses teilweise mehrfache Durchlaufen des EinsichT-Prozesses nennen wir Abwarten. Wie schon gesagt, die Dauer des Abwartens variiert.

Im Bezug auf das Ärgern kann das heißen: Die Form deines Ärgerns wird sich verändern, vielleicht nachlassen. Vielleicht so wie viele die Jugendzeit, die Partyzeit, die Autoschrauberzeit, die Aufbrezelzeit, die Raucherzeit, die Profilierungszeit irgendwann ausgelebt haben. Das kennst du. Irgendwann hattest du es satt, Dinge wieder und wieder zu tun. Dadurch konnte Neues aus Altem entstehen. Du kannst dem Abwarten vertrauen – wenn du die Schritte 1 bis 4 achtsam durchläufst.

Schritt 6: Aktion

In bestimmten Bereichen verblasst das Alte schon während des Abwartens und Veränderung geschieht. Vielleicht spürst du das an deinen Wahrnehmungen, deinen Empfindungen, deinen Emotionen oder deinen Reaktionen. Manchmal spürst du es unmittelbar, manchmal allmählich und manchmal erst im Nachhinein.

Sobald es dir bewusst wird, kannst du zum aktiven Gestalter des Moments werden. Etwas Neues ist im Begriff zu entstehen. In Schritt 6, Aktion, nutzt du das Neue und gestaltest aktiv mit – im Einklang, im Fluss. Vielleicht mutig, vielleicht zögernd, vielleicht gespannt experimentierend, vielleicht euphorisch – aber dir und der neuen Situation gegenüber treu. Du spürst die Veränderung, spürst, dass du dich entwickelt hast. Deine Authentizität, Lebensqualität und Zufriedenheit nimmt zu. Die dich motivierenden oder hemmenden Geschichten des Morgens oder aus der Vergangenheit verlieren an Bedeutung. Du spürst und nutzt die Kraft des Augenblicks. Du bleibst im EinsichT-Prozess mit immer neuen Themen, Erlebnissen, Situationen und der hilfreichen Frage: „Wie mache ich mich?"

Im Bezug auf unser Beispiel mit dem „Sich Ärgern" kann es bedeuten, dass du dich so weit verändert hast, dass du

- keinen Ärger mehr verspürst,
- professionell mit dieser oder einer ähnlichen Situation umgehst,
- nicht mehr in Resonanz gehst,
- dir neue Herausforderungen suchst.

Du reagierst nicht mehr, du agierst!

Die nächsten Schritte: Es geht weiter …

Mit der Frage „Wie mache ich mich?" als Begleiter auf deinem Weg wirst du merken: Es braucht weder Auszeiten noch das Besondere für deine Entwicklung. Dein bewusst wahrgenommener Alltag bietet dir mehr als genug Entwicklungsimpulse. Du *ent*wicklest dich, befreist dich von deinen Etiketten, die dein Sein einschränken. Mach dich frei. Dein Alltag wird dir spiegeln, wie gut dir das gelingt, wie einsichtig du lebst und wie viel Einfluss du bereits auf deine Lebensqualität nimmst.

Und wenn du noch eine Idee brauchst, dich zu prüfen:

Um herauszufinden wie weise du bist, verbringe eine Woche mit deinen Eltern (oder setze ein, was für dich passt) unter einem Dach.

EXPERIMENTE

Spanngurt

Ein Spanngurt liegt auf der A8. Auf der A3 ist ein Stau. Was bedeuten diese Nachrichten für dich, wenn du gerade auf der A81 unterwegs bist? Mit welchen Nachrichten und Geschichten füllst du dein Leben? Welche (Verkehrs-)Informationen kannst du ausblenden, um dein Leben einfacher zu machen? Auf welche Mails, Handynachrichten, Meinungen, TV-Sendungen, Meetings, Treffen, …?

Mache dich!

Das „Freie-Wille"-Experiment

1. Denke an eine einfache geometrische Figur und zeichne sie.
2. Denke an eine zweite geometrische Figur, welche du in die erste Figur hineinzeichnest.
3. Die Lösung findest du im Lösungsteil.

Die meisten Menschen wählen eine sehr ähnliche Figur – ihrem freien Willen zum Trotz. Wir sind geprägt von ähnlichen Mustern, „rasten" darin ein, uns anzupassen, der Norm zu entsprechen und Normalität vorwegzunehmen. Bewusst oder unbewusst.

Wie machst du dich?

Gedächtnistest

Schau dir circa zehn Sekunden lang die folgenden Wörter an:

Sauer Zucker Honig Lecker Limonade Marmelade Zitrone Schokolade Kuchen Pudding Sahnehäubchen Bitter Geschmack Kandis Bonbon Apfeltasche Gut Zuckererbse Kuchen

Jetzt schaue die Wörter oben nicht mehr an und beantworte folgende Frage:

Welche der folgenden vier Wörter sind NICHT in der Liste aufgeführt?

Zucker Geschmack Süß Bumerang

Wahrscheinlich ist Bumerang eine Antwort von dir. Aber hast du auch bemerkt, dass süß ebenfalls nicht in der Liste dabei war? Den meisten Menschen fällt das nicht auf, da manche Wörter im Zusammenhang mit süß stehen. Unser Gehirn hat die Tendenz, wie wir schon bei den Illusionen erfahren haben, sich eine eigenständige Ordnung zu schaffen. Falls Unstimmigkeiten oder Lücken auftauchen, werden diese geschlossen, mit Vermutungen und viel Phantasie. Aber welche Bedeutung hat das in unserem Alltag? Wie nutzt du deine „phantastischen Geschichten“, um dich zu unterhalten, um recht zu haben, um Erfolg zu haben? Unterliegst du manchmal der vermeintlichen „Schlüssigkeit“ und liegst einfach daneben? In Gesprächen, in Meetings, in Auseinandersetzungen, in Beziehungen, in Entscheidungen?

Wie machst du dich?

Experiment zur Urteilsfähigkeit

Lies dir die Namen aufmerksam durch. Einmal. Beantworte dann die anschließende Frage, ohne erneut auf die Liste zu schauen.

Elisabeth Taylor	Madonna
Ralf Schmidt	Steffi Graf
Franz Beckenbauer	Emily Ratajkowski
Angela Merkel	Nena
Gerhard Arnd	Uschi Glas
Horst Maier	Axel Schulz
Mark Medlock	Kevin Schmitt
Claudia Schiffer	Charlotte Link
Franz Meier	Martina Müller
Alice Schwarzer	Klaus Schulze
Ralf Leitner	Sandra Maischberger
Claudia Roth	Herbert Schulze
Frank Stark	Roland Kaiser
Erwin Leder	Katharina Witt

Frage 1:
Wurden in der Liste mehr Männer oder mehr Frauen genannt?

Die meisten Leute meinen, mehr Frauen auf der Liste gelesen zu haben. Die Anzahl ist gleich. Nur weil die Namen des einen Geschlechts bekannter sind, wird das Urteil getrübt. Spannend ist diese Trübung der Urteilsfähigkeit im Alltag. Hat eine Aussage für dich mehr Gewicht, wenn die Person bekannt oder berühmt ist? Ist ein Vorgesetzter kompetenter? Ist ein Mensch in nachlässiger Kleidung weniger vertrauenserweckend? Ist die Meldung der BILD-Zeitung mit mehr Vorsicht zu genießen, als wenn die ZEIT darüber schreibt? Sind ALDI-Produkte schlechter als Feinkost-Produkte?

Wie machst du dich im Alltag?

Frageexperiment

Experimentiere in deinem Umfeld: Such dir zwei Personen aus und experimentiere, wie die Form des Fragens die Antwort beeinflusst.

Frage die Erste: „Was glaubst du, wie viel Liter Kraftstoff wird benötigt, um das derzeit größte Passagierflugzeug, den A380, vollzutanken? Mehr als 30.000 Liter oder weniger? Wie viel Liter glaubst du genau?"

Frage die Zweite: „Was glaubst du, wie viel Liter Kraftstoff wird benötigt, um das derzeit größte Passagierflugzeug, den A380, vollzutanken? Mehr als 400.000 Liter oder weniger? Wie viel Liter glaubst du genau?"

Wahrscheinlich wirst du von der zweiten Person eine wesentlich höhere Zahl als Antwort erhalten. In Wirklichkeit sind es 324.540 Liter.

Mach dir immer bewusst, dass Frageformen dich selbst und andere beeinflussen. Bei der Frage nach dem Gehalt, bei der Frage nach dem Wert der Dinge, bei der Frage, ob es einem gut oder schlecht geht. Die Art der Frage beeinflusst Urteile! Das haben die deutschen Psychologen Birte Englich, Fritz Strack und Thomas Mussweiler sogar bei „Rechtsurteilen" nachgewiesen[17]. Der Anruf eines Journalisten, der gezielt und manipulativ nach dem üblichen Strafmaß fragte, hatte Auswirkung auf das Strafmaß!

Welche Urteile fällst du? Was machst du dir bewusst?

Ist doch klar

Drei Bewohner der Wohngemeinschaft wollen einen gebrauchten Fernseher kaufen. Sie werden schnell fündig. Nach dem Preis gefragt, antwortet der Verkäufer: „25 Euro". Die drei Freunde wollen sich die Kosten teilen und jeder von ihnen legt einen Zehn-Euro-Schein in die

Hand des Verkäufers. Dieser geht zur Kasse, um das Wechselgeld zu holen. Auf dem Weg dahin kommt dem Verkäufer eine Idee. Er plant, das Gerät für 27 Euro zu verkaufen – so kann er mehr verdienen und keiner der Bewohner hat einen Schaden. Er legt die drei Zehn-Euro-Scheine in die Kasse und entnimmt fünf Ein-Euro-Münzen. Zwei davon steckt er in die Tasche. Er geht zu den drei Käufern zurück, erklärt, dass der Preis bei 27 Euro liegt und entschuldigt sich für seinen Fehler. Dann gibt er jedem eine Ein–Euro-Münze Rückgeld. Die Kunden sind dennoch zufrieden und der Verkäufer freut sich über die zwei Euro zusätzlichen Gewinn. Somit hat jeder gewonnen, oder? Hmm, irgendwas passt nicht. Drei Bewohner, deren Anteil bei je neun Euro lag: das sind 27 Euro plus die zwei Euro, welche der Verkäufer eingesteckt hat, das ergibt 29 Euro. Da fehlt doch plötzlich ein Euro. Das wäre dem Finanzbeamten sicher nicht entgangen.

Die Lösung findest du am Ende des Buches.

Ist doch einfach

Addiere nach folgendem Muster:

```
  1000
+   10
+ 1000
+   20
+ 1000
+   30
+ 1000
+   40
---------

=====
```

Mache es laut und lass dich am besten von jemandem dabei überprüfen.

Du rechnest also laut im Kopf: „Eintausend, Eintausendzehn, Zweitausendzehn, Zweitausenddreißig, Dreitausenddreißig, Dreitausendsechzig“ und so weiter. Was ist dein Ergebnis?

Hat dein Gehirn auch nach der letzten Zwischensumme von 4060 angenommen, dass die nächste Zahl vorne eine Fünf hat? Jetzt kontrolliere doch bitte dein Ergebnis, indem du von unten nach oben schriftlich addierst und das Gesamtergebnis überprüfst.

Vielleicht regt dich diese Übung an, manche der übersprungenen Übungen in „Geht's noch?“ doch nicht nur zu überlesen oder nur schnell im Kopf zu lösen. Wer schreiben kann und möchte, ist manchmal klar im Vorteil. Dazu passt auch das spätere Kapitel über den Wert des Tagebuchschreibens.

Wie machst du dich damit?

Negative Gedanken

Denke an eine Person, die du nicht leiden kannst.

- Warum nicht? Was stört dich an der Person?
- Wie machst du dich? (Mit dem Bild der Person in dir!)

Worüber machst du dir Sorgen?

- Wie viele dieser Sorgen beziehen sich auf Kleinigkeiten?
- Wie viele auf Dinge, die du nicht ändern kannst? (Weißt du noch, die persönlichen Einflussgrößen?)
- Wie viele Sorgen beziehen sich auf Dinge, die höchstwahrscheinlich nie eintreten?

Wie machst du dich damit?

Kreativitätsexperiment

Nenne in sechzig Sekunden so viele Wörter wie möglich, welche mit „-ung" enden. Wie beispielsweise „Übung". Ab jetzt!

Nun mache mindestens fünf Minuten Pause und nimm ein neues Blatt für eine neue, schwierigere Aufgabe. Suche in den nächsten sechzig Sekunden möglichst viele Wörter, deren vorletzter Buchstabe ein n ist. Also wie „Sahne". Und los geht's! Vergleiche die Anzahl der Wörter, die du in beiden Aufgaben gefunden hast.

Wahrscheinlich hast du bei der Übung mit der Endung „-ung" mehr gefunden als bei der zweiten Aufgabe. So ergeht es den meisten. Doch die zweite Aufgabe ist einfacher zu lösen, denn hier gehören auch alle Beispiele aus der ersten Gruppe „-ung" dazu. Machst du es dir manchmal schwer oder leicht?

Wie machst du dich?

EinsichT und dein Alltag:

Nimm dir einen Stift und ergänze folgende Aussagen:

Die Welt ist voller …
Mit 50 ist …
In fünf Jahren ist mein Arbeitsplatz für mich wie …
Wenn ich könnte, würde ich am liebsten …
Arbeit ist wie …
Das Leben ist …
Meine privaten Kontakte sind …
Finanziell bin ich …
Im Leben geht es mir immer wieder …
Ich muss …
Später werde ich mal …

So siehst du also das/dein Leben? Jetzt nimm dir Zeit und prüfe deine Sätze anhand der sechs Stufen des EinsichT-Prozesses. Bringt dich das zum Nachdenken?

Wie machst du dich? Willst du dich so machen?

Vergleichen

Überlege jetzt: Mit wem vergleichst du dich? Was sind deine Vergleichskriterien? Zwei Beispiele dazu.

Kennst du diese Grafik? Welcher der orangenen Kreise ist größer?

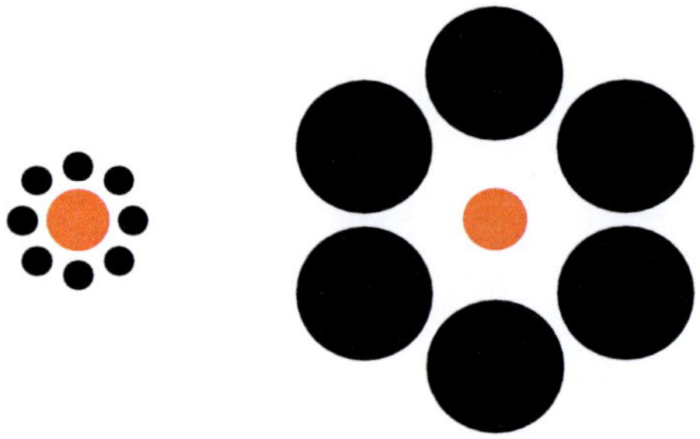

Sie sind gleich groß!

Schwieriger ist der Vergleich, wenn es um nicht so einfach nachmessbare Faktoren geht.

Betrachte das Bild auf der nächsten Seite. Um wie viel heller ist das Feld B im Vergleich zu Feld A des Schachbrettes? (Ein Tipp: vielleicht wirkt es durch den Schatten des Zylinders heller als es ist!) Schätze die jeweiligen Tonwerte in Prozent.

Auch die beiden Felder sind gleich hell. Wenn du es nicht glaubst, lade dir das Bild auf der Homepage www.einsicht.info herunter, drucke es aus, schneide es aus und vergleiche.

Denke immer daran, dass Vergleiche immer in Relation zu anderen Dingen stehen und dich täuschen können und werden. Wie sicher bist du dir bei deinen Vergleichen, bei deinen Bewertungen? Wann machst du dich kleiner, schlechter als du bist? Wen stellst du dafür auf ein Podest? Wann machst du dich größer als du bist? Wen machst du dafür kleiner? Und was geben dir deine Wertungen? Dein Lob und Tadel?

Wie machst du dich? Was machst du dir dadurch gebend? Was machst du dir dadurch nehmend? Wie willst du dich künftig machen?

Selbstbewusstsein

Ellen Langer, Professorin an der Harvard University, ließ bei einem Experiment zwei Ausreden testen, um bei einer Schlange am Fotokopierer schnell nach vorne zu kommen. Die eine Ausrede hieß: „Bitte darf ich vor Ihnen den Kopierer benutzen, denn ich habe es eilig?" Die zweite Ausrede: „Bitte kann ich den Fotokopierer benutzen, denn ich muss den Fotokopierer benutzen?"

Was glaubst du, welche der Ausreden besser gewirkt hat? Beide gleich! Lässt vielleicht auch du dich von vermeintlichen Argumenten überzeugen? Blendet dich sicheres Auftreten?

Wie machst du dich?

Abwarten

Karotten wachsen nicht schneller, wenn du am Kraut ziehst. Jeder Samen braucht seine Zeit zur Entwicklung. Ein Gärtner kann für optimale Bedingungen sorgen, mehr nicht! Wachstum geschieht – Ungeduld sowie überzogene Erwartungen und Zielorientierung helfen auch bei vielen deiner „Themen" nicht weiter. Überlege:

Was stutzt du zurecht, ähnlich Spalierobst – ertragsoptimiert?
Was hältst du bewusst klein wie einen Bonsai-Baum?
Welche deiner Themen schießen immer wieder wie Unkraut hervor?
Was möchtest du im Leben roden, ausreißen?
Was möchtest du künftig mehr hegen und pflegen?
Welche Samen möchtest du aussäen?

Wie machst du dich damit?

Fazit
Alle Dinge, die du erlebst, bieten – wenn du willst – das Potenzial zur einsichtigen Reflexion und zum bewussten Gestalten deines Lebens. Egal ob es um Ernstes oder um Unterhaltsames, ob es um Wichtiges oder Unwichtiges geht. Mit der Frage: „Wie mache ich mich damit?" machst du dir deine Reaktion bewusst und wirst zum eigenen Gestalter.

Auf der folgenden Seite findest du noch eine Lehrseite.

Was machst du damit? Wie machst du dich damit? Oder lässt du es als Leerseite? Auch gut!

ALLES IST MACHBAR?

Wir leben in einer Gesellschaft, in der es auf Leistung ankommt. Als sogenannter Leistungsträger kommt es darauf an, sich ständig zu optimieren: Stärken auszubauen, Schwächen zu transformieren, lebenslang zu lernen, um dem Tempo der neuen Anforderungen gerecht zu werden. Es kommt darauf an, die Zeit effektiv zu nutzen, körperlich dabei fit zu bleiben für die „Work-Life-Balance", entspannt zu sein, um schnell wieder zu regenerieren und so weiter und so fort. Schon Babys und Kinder werden gezielt gefördert. Lern-DVDs für die Kleinen, Babyschwimmen, Kinderenglisch, Bewegungs- und Musikförderung und mehr. Das Gymnasium wurde gekürzt. Das Studieren gestrafft.

Ich muss noch besser werden!

Stellst du dir auch die Frage, wie frühere Generationen dazulernen konnten? Ohne Frühförderung, Fortbildungen und ausgefeilte didaktische Konzepte? Ohne ständige Fahrdienste der Eltern? Lernen durch Vorbilder, durch Erfahrungen, durch das Leben selbst ist möglich! Im Dschungel, im Schloss, sogar auf der Straße. Zurück zu unserer Gesellschaft heute. Methoden für das „alles ist machbar" gibt es unzählige: Super-Learning, Lernen mit Mozart, Lernen in Trance, Lernen in Bewegung, Lernen durch Modelling, Brainfood, Powernapping, Photoreading – egal ob wissenschaftlich untersucht oder widerlegt. Das Bedürfnis, klüger, gesünder, schneller, effizienter, reicher, entspannter zu werden, boomt. Das, was ist, ist nicht gut genug. 100 Prozent reichen nicht mehr, 150 Prozent sind besser! Zugegeben, diese Darstellung ist leicht überspitzt. Zudem gibt es andere, die ihre Zeit vor der Glotze totschlagen und alles andere als lernbegierig sind. Wie so oft leben wir in einer Zeit der Extreme.

Vielleicht ist alles viel einfacher. Herausragende Leistung braucht Übung und damit Zeit. Ein Gut, das in unserer beschleunigten Leistungsgesellschaft immer knapper zu werden scheint.

Eine spannende Versuchsreihe zeigte Folgendes: Wenn du trainierst, dir zehn Zahlen zu merken, um diese schnell abrufbereit zu haben, wirst du sicherlich nach mehrwöchigem Training feststellen, dass dir das leicht gelingen wird. Tests bei Profis, welche sich 79 Zahlen merken konnten, haben gezeigt, dass sich die trainierte Fähigkeit ausschließlich auf das Merken von Zahlen beschränkte. Beim Test mit Buchstaben konnten nur sechs erinnert werden. Sechs. Fast unglaublich. Gedächtniskünstler trainieren gezielt die Wettbewerbsanforderungen. Im Alltag sind diese Profis mehr oder weniger genauso vergesslich wie der Normalbürger. Also heißt das Zauberwort üben, üben, üben. Man sagt, 10.000 Stunden Übungszeit brauche es, um etwas besonders gut zu können, zum Beispiel Klavierspielen, Zaubern, Golfen. Aber vielleicht ist das auch eine Ursache-Wirkungs-Illusion.

EinsichT: Wie es machbar wird

Ein kleiner Test. Du brauchst eine Stoppuhr. Fahre die Zahlen mit deinem Finger in der Reihenfolge 1 bis 12 so schnell wie möglich ab.

Wiederhole den Vorgang dreimal und vergleiche die Zeit. Du wirst dich verbessert haben.

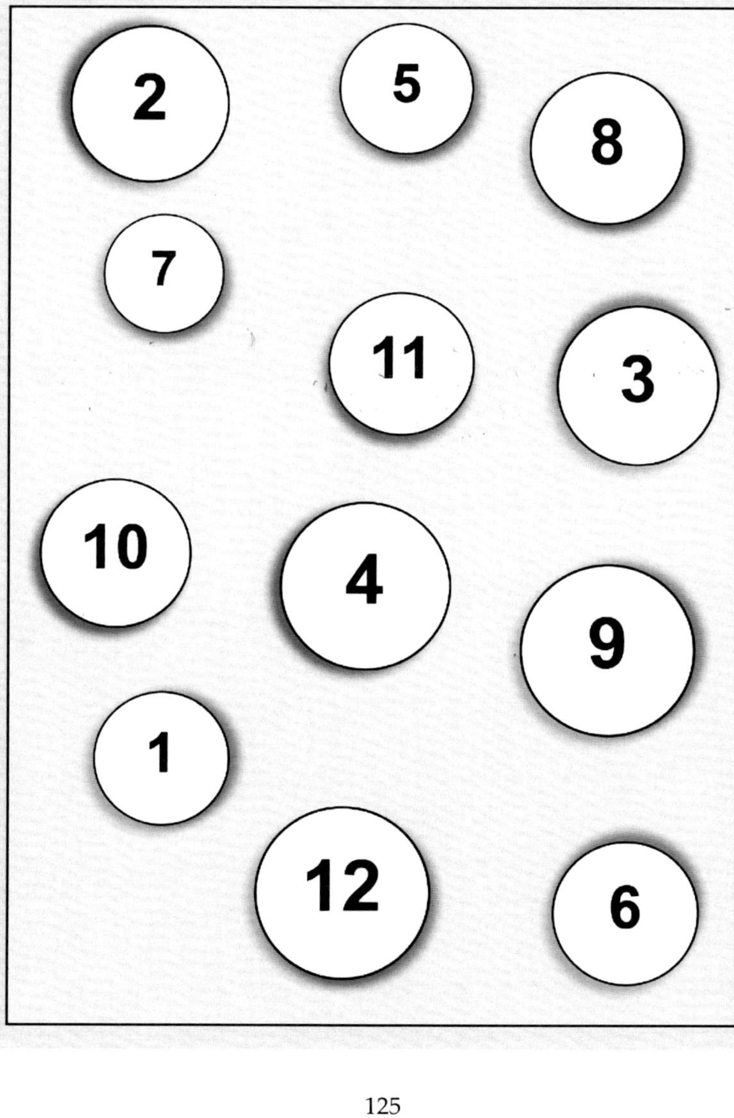

Hier eine weitere einfache Übung, um selbst zu erfahren, was es heißt, bekannte Pfade zu verlassen und mit Engagement und Einsatz Neues zu erkunden, die Synapsen zu aktivieren und neue Wege zu gehen.

Lies die Wörter bitte laut und so schnell du kannst:

WORT WORT WORT WORT WORT WORT WORT
WORT WORT WORT WORT WORT WORT WORT

Und jetzt noch etwas schwieriger:

SCHWARZ ORANGE BLAU ROT GRÜN ORANGE
GRÜN ROT BLAU SCHWARZ ORANGE BLAU ROT

Und jetzt für Profis:

ORANGE GRÜN SCHWARZ BLAU ROT GRÜN ROT
ROT SCHWARZ ORANGE GRÜN BLAU SCHWARZ

Durch unsere Gewohnheiten sind wir so sehr in unseren Denkmustern gefangen, dass es uns schwer fällt, neue Wege zu gehen. Wenn du dir hier ebenfalls die Zeit nimmst und die farbigen Wörter mehrfach liest, quasi übst, wird es im Laufe der Zeit ein Kinderspiel.

Das Fazit aus dieser „Alles-ist-machbar“-Illusion:

1. „Übung macht den Meister“. Das kommt dir für deine EinsichT zugute.
2. Selbst wenn du viel übst, sind dir individuelle Grenzen gesetzt.
3. Es besteht kein Zwang, sich ständig zu verbessern. Vor allem nicht, um anderen zu genügen.
4. Sei kritisch gegenüber den „Alles-ist-machbar“-Methoden.

Nebenbei bemerkt: Eine Studie hat gezeigt, dass du deine geistige Leistungsfähigkeit bewahren und steigern kannst, indem du wenige Stunden pro Woche flott spazieren gehst. Um keine Illusion entstehen zu lassen: Hier ist nicht der Marathon gemeint, sondern halbstündige Spaziergänge in flottem Tempo. Sudoko macht vielleicht Spaß, macht dich aber nicht fitter oder gesünder.

Wer Probleme mit der Zeit hat,
hat sie auch ohne sie.

ERFOLG

Absolventen von Eliteuniversitäten landen häufig in besonders gut bezahlten Jobs. 90 Stunden Arbeit pro Woche sind dabei keine Seltenheit. Die leistet ein so genannter High-Potential selbstverständlich hochmotiviert und voller Schaffensdrang! Im Hamsterrad des Erfolgs geht es immer schneller voran, bis sie nicht mehr dürfen, können oder wollen. Der Konkurrenzkampf ist hart, die Anforderungen und oft auch Anfeindungen hoch. Die Jüngeren warten – ebenfalls hochmotiviert und hungrig. Doch während diese „Traumkarrieren" meist mit einem Traumgehalt verbunden sind, gibt es genauso normale Arbeitnehmer, die mit großer Anstrengung das Hamsterrad treten. Vielleicht weil ihr Fuzzy sie motiviert: „Streng dich an! Leiste mehr! Komm voran! Halte durch!"

„Wenn Sie 8 Stunden am Tag arbeiten werden Sie vielleicht irgendwann zum Chef und dürfen täglich 12 Stunden arbeiten."

Brachte es Robert Forst, der vierfacher Publitzer-Preisträger auf den Punkt.

Zurück zur Karriere: Manche haben Glück, manche kommen voran, manche erhalten am Ende ihres Berufslebens besonders warme Worte, manche eine dicke Abfindung und manche müssen für jüngere High-Potentials ihren Platz räumen.

Aber manche erreichen ihr Ziel nicht! Im Japanischen gibt es dafür ein eigenes Wort: Karōshi, der „plötzliche, berufsbezogene Tod". Diese Todesursache ist meist ein durch Stress ausgelöster Herzinfarkt, ein Schlaganfall, ein Selbstmord. Ein Tod, ausgelöst durch „Nicht-mehr-können und Nicht-mehr-wollen." Im Buch *„5 Dinge, die Sterbende am meisten bereuen"* beschreibt Bronnie Ware, welche als Paliativpflegerin Todkranke und Sterbende begleitete, was Menschen am Ende Ihres Lebens noch stark beschäftigt. Eine häufige Aussage lautet:

„Ich wünschte, ich hätte nicht soviel gearbeitet."

Die Sterbenden erkennen, dass sie das wirklich Wichtige in ihrem Leben aus den Augen verloren haben, aus Angst, nicht genug Geld zu verdienen oder um auf der Karriereleiter voranzukommen. Das wirft ein besonderes Licht auf die Fragen: „Was ist ein erfolgreiches Leben? Was motiviert uns am Anfang unseres Berufslebens und wo landen wir im Laufe der Zeit? Ist es wirklich nötig, wie ein Sklave zu arbeiten um Millionär zu werden, in dem Glauben dann glücklicher zu sein?" Dabei ist es offensichtlich. Geld hat nur einen relativen Wert. Ein Manager, mit einem Jahresgehalt von 200000 € kann weniger Lebensqualität und Zufriedenheit haben als ein Angestellter mit einem Jahreseinkommen von 50000 € und der dafür viele Freiheiten genießt.

EinsichT: Geld allein ist keine Lösung

Welchen Preis bist du bereit für ein Mehr an Gehalt zu bezahlen? Was ist dir die scheinbare Absicherung im Ruhestand wert?

Diese Form des Denkens beruht auf einer weiteren Illusion! Denn du weißt heute nicht, was morgen kommt. Garantiert! Vielleicht gibst du Arbeitsjahre deines Lebens einem Traum hin.

Was wäre, wenn du dich im Hamsterrad erkennst, innehältst und prüfst. Vielleicht um die Richtung zu ändern. Wofür schlägt dein Herz? Was würdest du wirklich gerne tun? Und wenn du das mit deiner derzeitigen Situation vergleichst, wie nahe bist du, wie weit bist du davon weg?

Je ehrlicher du zu dir selbst bist, umso mehr wirst du profitieren. Vielleicht findest du mit den Antworten auf diese Fragen deinen Schlüssel für mehr Lebensqualität und Zufriedenheit.

Immer, wenn man die Meinung der Mehrheit teilt, dann ist es Zeit sich zu besinnen.

Mark Twain

LEHRZEIT

Wie gehst du mit deiner Zeit um? Heißt es bei dir auch oft „Jetzt nicht", weil es gerade nicht in deinen durchorganisierten Tagesablauf passt? Darüber denken wir einige Seiten später in dem Kapitel „Mehr Zeit" nach.

Jetzt gerade geht es um das Jetzt. Und darum, wie du dieses Jetzt füllst, häufig mit eigenen Geschichten über die Zukunft und Vergangenheit. Ohne die Vergangenheit wärst du nicht die Person, die du heute bist. Und was du dir für die Zukunft vornimmst, ist heute noch nicht Realität.

Stellen wir dazu ein paar Überlegungen an.

Verstreicht die Zeit für dich immer gleich schnell? Wahrscheinlich nicht. Du kennst Situationen, in denen Minuten unendlich lange erscheinen (vielleicht mit Schmerzen beim Zahnarzt), und du kennst das Gefühl, wenn Stunden wie im Fluge vergehen (vielleicht beim Liebesglück). Die Griechen hatten dieses Phänomen schon erkannt und schufen so zwei Götter für die Zeit. Auf der einen Seite Chronos, der für die gleichmäßig verlaufende Zeit steht. Nicht umsonst nennen wir eine besonders genaue Uhr Chronometer. Auf der anderen Seite Kairos, der die Zeitqualität des richtigen Zeitpunktes verkörpert.

Wann erlebst du die Vergangenheit? Wann malst du dir deine Zukunft aus? Immer genau in diesem Augenblick, also jetzt, wenn dein Verstand das „Jetzt" nutzt, um in die Vergangenheit oder Zukunft einzutauchen. Das ist ähnlich, wie wenn du in deinen Player eine DVD einlegst und abspielst. Ob du den Film „Meine Kindheit", „Mein letzter Urlaub", „Mein neues Auto" oder „Mein zukünftiges Projekt" einlegst, ist egal. Du füllst den Augenblick mit Geschichten von gestern oder morgen. Du fokussierst dich auf bestimmte Situationen, wählst bewusst oder unbewusst Szenen aus. Du dramatisierst so vergangene oder zukünftige Ereignisse. Du illusionierst, statt im Jetzt zu sein. Denke daran: Vorstellungen können dir die Sicht versperren, sogar die Sicht auf deine Zukunft.

Für manche ist die bildliche Vorstellung der Zukunft wie ein Leuchtturm, der ihnen hilft, orientiert zu bleiben. Sie fühlen sich von der attraktiven Zukunft förmlich angezogen. Ganz in dem Sinne: „Wer nicht weiß, wo er hin möchte, braucht sich nicht zu wundern, wo er ankommt." Für andere gilt das Motto: „Der Weg ist das Ziel". Also offen sein für das, was kommt. Immer wieder die neuen Perspektiven, die sich auf dem Weg eröffnen, dazu nutzen, sich neu zu orientieren. Im Fluss des Lebens zu sein, sich treiben zu lassen.

Für beide Haltungen wirst du gute Argumente finden. Beide Lebensmodelle können nützlich sein oder auch nicht.

Mache die Zeit, das Jetzt, zu deiner Lehrzeit.

EinsichT: Zeit-los

- *Wie hältst du es mit deiner Zeitgestaltung?*
- *Driftest du gerne ab in die Vergangenheit oder in die Zukunft?*
- *Legst du immer wieder einen Film ein, um dem All-Tag zu entfliehen?*
- *Nutzt du den Vergangenheitsfilm, um deine Zukunftsvision besser aussehen zu lassen – oder umgekehrt?*
- *Nutzt du die Geschichten deiner Vergangenheit, um dein Selbstvertrauen zu stärken?*
- *Hast du Stress, weil dir deine Zeit nicht reicht für das, was du dir vorgenommen hast? Weil dein Film der Zukunft dir also schon jetzt vorgaukelt, dass du zu spät bist?*

Und wann lebst du das Jetzt?

DRINBLEIBEN

Es geht immer um alles – der Augenblick ist das Einzige, das du zum Erleben und Gestalten deines Lebens zur Verfügung hast. Das gilt, egal wie alt du bist. Dein Gestalten und Erleben dieses Augenblicks entscheidet über deine Form der Zufriedenheit und Lebensqualität.

Wo aber bist du, wenn du dich durch die Gedanken forttragen lässt, wenn Fuzzy das Kommando übernimmt? Dr. Richard Moss beschreibt in seinem Buch „Das Mandala des Lebens" ein Modell, welches dich unterstützt, dir dabei selber auf die Schliche zu kommen.

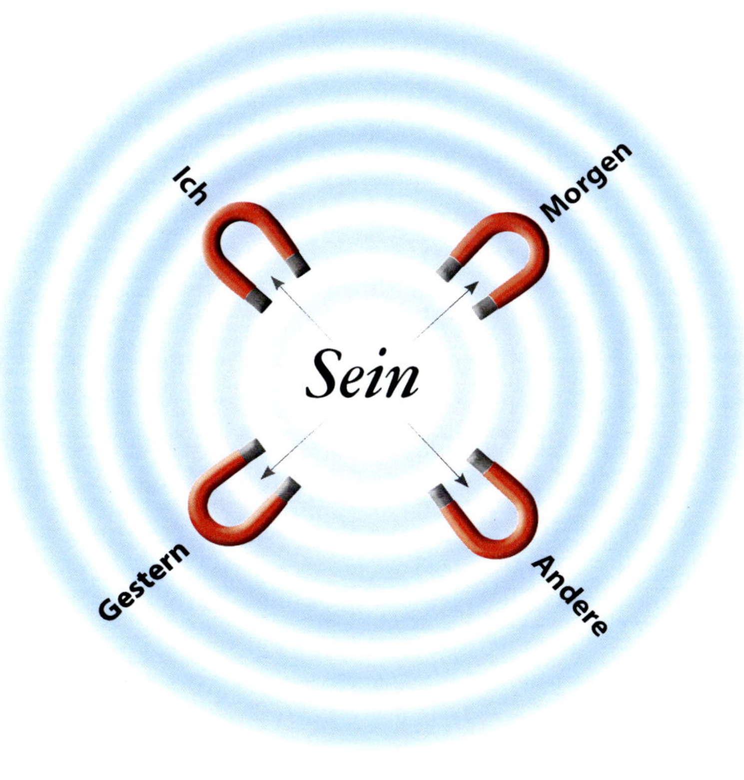

Ein Modell, welches dazu dient, deine Wahrnehmung auf das zu richten, was ist. Auf das, womit du jetzt dein Sein füllst. Ein Modell, das dir vor Augen führt, wenn du abschweifst vom Sein. Wenn deine Gedanken um Vergangenes und Zukünftiges kreisen, wenn sich deine Gedanken um dich und andere drehen. Dann lockt Fuzzy, indem er dein Hier und Jetzt, dein Sein, verzaubert und vernebelt. Dadurch nimmst du dir die Kraft des Moments und stemmst dich gegen den Fluss deines Lebens.

Teste, ob dieses Modell mit den Magneten, die dich immer wieder aus dem Hier und Jetzt ziehen, für dich stimmig ist.

EinsichT: Gefühls-Check

Beruflich: Welche drei Gefühle erlebst du oft?
Privat: Welche drei Gefühle erlebst du oft?
Notiere die sechs Gefühle.
Frage dich im Bezug auf diese sechs Gefühle: „Wenn ich diese Gefühle empfinde, von welchen Magneten werde ich angezogen?"

Was hilft dir diese Erkenntnis? Du erkennst und spürst die Kraft der vier Magneten. Du beginnst dadurch immer mehr auf deine Gedanken zu achten und machst dir bewusst, welche Ängste und Sehnsüchte du lebst. Dieses Modell zeigt dir auch, wo du deinen Müll versteckt hast. In der Vergangenheit, der Zukunft, bei anderen, in dir – vielleicht hast du ihn auch gut verteilt. Im Sein ist die Kraft zu Hause, der Kopf frei, die Luft rein.

Passend dazu die nächste Übung, am besten vorm offenen Fenster.

EinsichT: Drinbleiben

Drinbleiben im Hier und Jetzt.
Die Achtsamkeitsmeditation (nach einem Modell von Shauna Shapiro)
Atme, als hinge dein Leben davon ab!

1. *Beginne, indem du eine Absicht für dich findest (entspannen, Energie tanken, abschalten …)*
2. *Jetzt richte deine Aufmerksamkeit auf deinen Atem. Das ist schon alles.*

Sollte sich deine Aufmerksamkeit verlagern und du einem Gedanken nachhängen, nimm diesen wahr – ohne Urteil, ohne Reaktion – und lass ihn vorbeiziehen. Formuliere erneut deine Absicht und konzentriere dich auf deinen Atem.

Überlegenswert: Wenn es dir einmal wieder stinkt, denk daran, dein gedanklicher Müll versteckt sich in den Positionen: ich – andere – Zukunft – Vergangenheit. Diesen Müll kannst du hinter dir lassen, sobald du im Jetzt angekommen bist. So lebst du mehr dein authentisches Selbst. Nutze diesen Einfluss für mehr Lebensqualität, für Freiheit von den Etiketten und Wertungen anderer!

Also denk daran: Drinbleiben. Mittendrin. Gestalten. Dich machen!

ACHTSAMKEIT

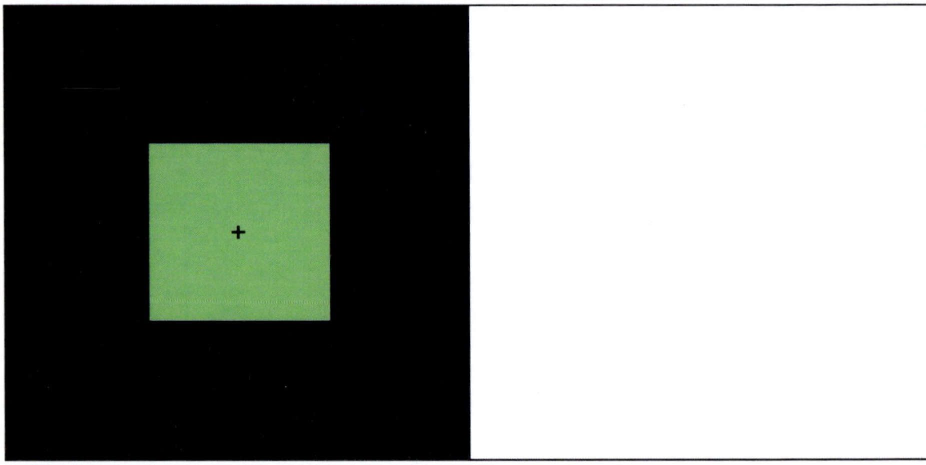

EinsichT: Achtsamkeit

Ein Experiment zu dem, was wirklich ist.

Fokussiere 25 Sekunden nur auf das grüne Quadrat (circa 5 Atemzüge). Nun blickst du auf die Fläche daneben. Was erkennst du?

Das ist eine Metapher für Achtsamkeit. Bewusstes Sehen, bewusstes Hören, bewusstes Riechen, bewusstes Fühlen, bewusstes Schmecken schult deine Achtsamkeit. Achtsam wahrgenommen bekommen die Dinge eine neue Qualität. Achtsamkeit lässt dich Dinge neu erkennen, lässt dich staunen. Zum Beispiel über eine Farbe, die „nicht existiert". Was heißt das im Alltag? Nehmen wir als Beispiel eine Situation, die du schon bald wieder erleben wirst. Versuche bei der nächsten Unterhaltung einmal ohne Wertung einfach nur deinen Gesprächspartner wahrzunehmen. Die Körperhaltung, die Stimme, die Gestik. Wenn du merkst, dass du Aussagen widersprechen oder sie bestätigen möchtest, komme zurück zur unvoreingenommenen Wahrnehmung. Bleibe bei diesem Experiment bewusst beim gleichmütigen Wahrnehmen des anderen und vermeide, dass dein Fuzzy mitmischt. Wie geht es dir dabei? Nehmen wir die Situation Musik hören: Welche Qualität bekommt Musik, wenn du die Augen schließt und einfach nur zuhörst? Welche Qualität bekommt das Essen, der Sex, der Sport, das Arbeiten, das Fernsehen, das Internetsurfen, das Gewinnen und Verlieren, das Zähneputzen, der Streit, das Gefühl der Liebe, ...

Experimentiere einfach damit die nächsten Tage. Vielleicht merkst du bereits, wie die Achtsamkeit auf das, was ist, dein Leben bereichert. Jede Erfahrung beginnt mit einem Kontakt zwischen Sinnesorgan und Objekt. Diese Wahrnehmung wird durch unsere Filter interpretiert und löst bewusste und unbewusste Gedanken- und Reaktionsketten aus.

Der Psychologe Viktor Frankl formulierte treffend:

„Zwischen Reiz und Reaktion liegt ein Raum. In diesem Raum liegt unsere Macht zur Wahl unserer Reaktion. In unserer Reaktion liegen unsere Entwicklung und unsere Freiheit."

Die Macht zur Wahl in der EinsichT-Orientierung beginnt mit den Fragen: „Wie mache ich mich? Wie mache ich mich, mit dieser Wahrnehmung, mit den ausgelösten Gefühlen?" Diese Fragen unterstützen deine Achtsamkeit und helfen dir, auf deine Wahrnehmungen Einfluss zu haben, ihnen nicht hilflos ausgeliefert zu sein.

Der römische Philosoph Seneca wusste um die Macht der Gedanken, vor allem, um die Macht der Gedanken über unsere Zukunft:

***„Das größte Hindernis des Lebens ist die Erwartung,
die vom Morgen abhängt."***

Der Dalai-Lama beschreibt Achtsamkeit auf eine andere Art:

„Gedanken und Gefühle kann man nicht am Entstehen hindern. Wir haben aber sehr wohl die Macht, sie wieder loszulassen. Einem geschulten Geist gelingt dies unmittelbar im Augenblick der Entstehung."

Es geht in der Achtsamkeit nicht darum, in der Position des unbeteiligten Beobachters zu verharren – also das Leben sowie seine Gedanken und Gefühle nur als Zuschauer zu erleben. Es geht darum, den Zwischen-Augenblick zu nutzen, um achtsam zu bemerken, „wie wir uns mit dieser Situation machen". Dann haben wir die Freiheit und Wahl, uns mit Kopf, Herz und Hand einzulassen, das Leben in uns hineinzulassen. Uns zu trauen, ganz im Hier und Jetzt zu sein. Die Qualität deines inneren Dialogs verändert sich. Jetzt ist der Moment des Lebens ohne den Nebel der Ursachen und Folgen, ohne den Nebel, was andere zu tun oder zu lassen haben, ohne den Nebel der vielen Etiketten. Was passiert, passiert. Achtsamkeit macht frei!

Teste deine Achtsamkeit. Wo befindet sich der rote Punkte, in der Mitte?

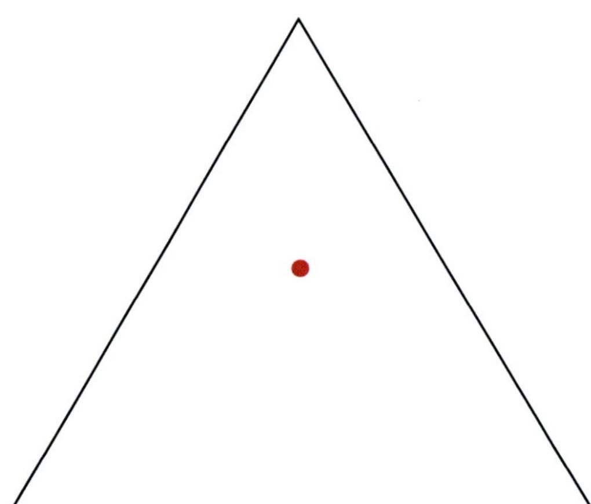

Messe nach! Manchmal täuschen wir uns selbst und meinen näher am Ziel zu sein als wir tatsächlich sind. Finde deine Mitte!

MEHR ZEIT

Hat derjenige, der seine Zeit totschlägt, mehr Zeit oder weniger? Wie empfindest du das? Verstärkt das Zeittotschlagen deinen Zeitdruck?

In unserer Gesellschaft gilt für viele: „Zeit ist Geld." Wie ist es bei dir? Ein Unternehmen ist umso besser aufgestellt, je produktiver die Mitarbeiter sind. So misst sich erfolgreiche Organisations- und Personalentwicklung an nachhaltiger Leistungsfähigkeit der Mitarbeiter und Führungskräfte – denn qualifizierte, motivierte und zur Zusammenarbeit fähige Mitarbeiter leisten mehr während ihrer Arbeitszeit und mehren somit den Profit. Wer sich und andere besser „führt", reduziert Ineffektivität, „Zeitdiebe" und den „Sand im Getriebe" der Abläufe. Doch moderne Selbstmanagementkonzepte haben nicht nur die berufliche Leistungsfähigkeit im Fokus. Auch die privaten und gesellschaftlichen Beziehungen, die Gesundheit, der Lebenssinn, ja sogar die Entspannungszeiten sollen heutzutage „mitgemanagt" werden. Das sind hohe Anforderungen nicht nur für die praktische Tages-, Wochen- und Jahresplanung. Kein Wunder, wenn immer häufiger der „innere Schweinehund" vom Müßiggang träumt – bevor er gleich wieder auf Trab gebracht wird.

Eine Auswirkung davon ist, dass häufig die Gelassenheit auf der Strecke bleibt. Hast du am Arbeitsplatz heute noch das Gefühl, alle Zeit der Welt zu haben? Empfindest auch du deine Zeit immer mehr als knappe Ressource, die deshalb sinnvoll geplant und verbracht werden muss?

Der renommierte Zeitforscher Professor Karlheinz A. Geißler stellt in seinem kleinen Buch „Lob der Pause" interessante Fragen: Welche Qualität hat die Langsamkeit für dich, welche die Wiederholung, das Warten und die Pause? Es ist offensichtlich, diese Zeitqualitäten tragen wenig dazu bei, Geld zu verdienen. Und doch belegt Karlheinz A. Geißler, dass diese vom „Aussterben" bedrohten Formen der Zeit notwendig sind, um dem Leben Rhythmus und Struktur zu geben. Er differenziert zwischen Entschleunigung und Enthektikung. Er plädiert für ein produktives Nebeneinander von Langsamkeit und Schnelligkeit. Von Tätigkeit und Pause. Von Mobilität und Sesshaftigkeit.

Er plädiert für eine menschliche Zeitkultur! Denn vieles, was unser Leben kostbar macht, ist nicht geldwert. Wie geht es dir damit?

EinsichT: Der andere Takt

Experimente im Umgang mit deiner Zeit:

Verzichte ein Wochenende lang auf deine Uhr (Handy etc.). Lerne nach deiner inneren Uhr zu gehen.

Nehme dir bewusst für eine Routineaufgabe doppelt so viel Zeit.

Mache eine Stunde lang bewusst nichts. Überhaupt nichts. Wie geht es dir dabei?

Esse, wenn du Hunger hast. Nicht, wenn es Zeit dafür ist. Kaue dabei jeden Bissen 40-mal.

Verlangsame deine Bewegungsabläufe extrem (vielleicht auch mal im Sport), um so eine andere Zeiterfahrung zu machen.

Entdecke weitere Impulse für eine neue Zeitkultur in deinem Leben. Finde deinen ureigenen Rhythmus. Finde auch dadurch mehr Energie und Kraft.

Das wirst du auch im Beruf spüren.

TAGEBUCH

Tagebuchschreiben ist mehr als ein Zeitvertreib – es hat positive Auswirkungen auf Körper und Geist! Einige interessante Studien belegen den Nutzen vom Schreiben eines Tagebuches.

Der Psychologe James Pennebaker von der University of Texas hat beispielsweise herausgefunden, dass Studenten, die an mehreren aufeinanderfolgenden Tagen jeweils 15 Minuten über ihre wichtigsten persönlichen Erfahrungen schrieben, sowohl bessere Blutwerte als auch bessere Noten hatten. Eine neue Studie[18] der University of Missouri bestätigt diese positiven Auswirkungen. Die Wissenschaftler baten 49 Studenten, sich an zwei folgenden Tagen nur einige Minuten Zeit zu nehmen, um emotional bedeutsame Gedanken aufzuschreiben. Die Teilnehmer fühlten eine sofortige Besserung ihrer Laune und erzielten bessere Ergebnisse bei standardisierten Untersuchungen des körperlichen Wohlbefindens.

Umfragen ergaben, dass 90 Prozent der Menschen davon überzeugt sind, dass das Sprechen mit einer anderen Person dabei hilft, negative Erlebnisse besser zu verarbeiten. Emanuel Zech und Bernhard Rimé von der Universität in Belgien führten eine Studie[19] durch, um dies zu überprüfen. Dabei fanden sie heraus, dass das Sprechen über ein traumatisches Erlebnis nahezu wirkungslos war, das Tagebuchschreiben dagegen eine Verbesserung von Gesundheitsproblemen, eine Steigerung des Selbstwertgefühls und Glückempfindens zur Folge hatte.

Daraus lässt sich folgender Schluss ziehen: Sprechen und Schreiben sind in der Grundstruktur sehr verschieden. Denken kann sehr chaotisch und unstrukturiert sein. Das kann im Gespräch das Gefühl der Verwirrung noch vergrößern. Das Schreiben verlangt dagegen einen roten Faden. Diese Struktur hilft dabei, dem Geschehen einen Sinn zu vermitteln. Auf dieser Basis lassen sich leichter Lösungen finden und negative

Emotionen verarbeiten. Interessant dabei ist, dass es nicht nötig ist, dem Tagebuchschreiben viel Zeit zu widmen. Studien zeigen, dass es ausreicht, Themen anzuschneiden und diese am nächsten Tag nochmals kurz zu reflektieren. Fünf Minuten täglich reichen offenbar aus, um seine Lebensqualität signifikant zu steigern!

In den Seminaren erleben wir immer wieder, dass die EinsichT-Sprache den Wert des Tagebuchschreibens noch potenziert. Probiere es aus.

EinsichT: Nutze den Tag

Folgende einsichtige Fragen können als Anregung dienen.

Zum Beispiel, wenn es um Konflikte mit anderen geht:

- *Wie erlebst du deinen Konfliktpartner in dir?*
- *Was machst du dir dadurch gebend oder nehmend?*
- *Was machst du im Konflikt zurückhaltend, was machst du auslebend?*
- *Und wie willst du dich im Konflikt tatsächlich machen?*

Zum Beispiel in Selbstgesprächen, wenn du über dich selbst reflektierst:

- *Wie ernst nimmst du dich selbst?*
- *Was vermisst du?*
- *Wie würdest du dich gerne machen?*

Nicht, um dich zu loben oder zu tadeln. Nein, des achtsamen Zuhörens wegen. Gleichmütig. Gehe deinen wahren Gefühlen und Bedürfnissen auf den Grund. Erlaube dir, so zu sein. Ohne Wertung.

Unter www.einsicht.info findest du besondere Tagbücher, die dich im EinsichT-Prozess begleiten. Für viele ein weiterer effektiver Weg zu mehr Gelassenheit.

Die Tagebücher mit dem Untertitel „Wie mache ich mich?“ unterstützen dich, deine Muster zu erkennen und dein Leben eigenverantwortlicher zu gestalten – im Beruf und im Alltag. Wenige Minuten am Tag genügen! Lust auf einen Test?

EINFACH SEIN

Was ist EinsichT für dich?

Unter diesem Motto stand ein musikalischer Workshop zum Thema „Geht's noch?". Innerhalb eines Tages entstand ein Lied mit nachfolgend abgedruckten Text, inspiriert von der inneren Stimme, dem Fuzzy, dem Kappen der Marionettenfäden und der Suche nach dem persönlichen Lebenssinn. Vielleicht inspiriert es dich, das Gelesene in diesem Buch auch in eigene Worte zu fassen, die für dich besondere Bedeutung haben. Das kann dir entscheidende Impulse geben, das Gelesene für dich passend zu machen und im Alltag umzusetzen. Denn EinsichT ist Praxis, Alltag, Sein und keine Theorie.

Zurück zum Lied – im Buch natürlich nur in Textform möglich.

Zu Beginn eine Klangkollage aus Geräuschen, gemischt mit Textfetzen der inneren Stimme sowie Lautsprecherdurchsagen:

„Ich kann nicht mehr!"
„Stell dich nicht so an – da geht noch was!"
„So ein Idiot!"
„Wieso immer ich?"
„Aber ich muss doch noch …"
„Was sagen die anderen dazu?"
„Mir stinkt´s – ich muss hier raus."
„Sag mal, geht´s noch?"

Der ICE 563 hat Verspätung
Vollsperrung auf der A3
Sie haben 12 neue Nachrichten
Die A 8 ist wegen eines umgekippten LKWs …

Es ist nicht zum Aushalten – ein Schrei ertönt:

AAAAAaaaaaaaaaahhhhhhhhhhhh
Und jetzt?

Die Musik beginnt mit folgendem Text:

Reiß das Fenster auf
Und atme tief ein.
Schau deine Mauer an und frag dich:
„Muss sie so sein?"
Gibt sie dir Schutz –
oder sperrt sie dich ein?
Nutze den Raum
und trau dich zu sein.

Willst du das alles
Oder ist es zu viel?
Wo bleibst du?
Wer bestimmt dein Spiel?
Mach die Augen auf
Lass Licht in dein Haus.
Nimm die Brille ab
bring den Müll endlich raus.

Dann kannst du
einfach sein
Dann kann ich
einfach sein
Dann können wir
einfach sein
Dann können die
einfach sein.

Einfach frei.

UNTERHALTSAM GEHT'S WEITER

Das Buch ist nun fast zu Ende. Weiter geht's für dich im Alltag. Mit was füllst du deine Zeit? Mit Geldverdienen, mit Beziehungen, mit Familie und Partner, mit Zeit für dich, mit Hobbys – und sicher auch mit Unterhaltung. Unterhaltung an sich hat das wertende „Geschmäckle“ nicht verdient. Denn alles, was uns berührt und fesselt, was uns unterhält, hat viel mit uns und unseren tiefen Bedürfnissen zu tun.

Überlege einmal, wie arm unsere Welt ohne Musik, ohne Bilder, ohne Filme, ohne Geschichten, ohne Gedichte, ohne Kunst wäre!

Sei dir bewusst: Was gute und schlechte Unterhaltung ist, was seicht ist oder Tiefgang hat, was große Kunst und was Schund ist, „machst“ du in dir. Für dich! In der EinsichT-Orientierung kannst du einen Fernsehabend genauso als Entwicklungsimpuls sehen wie den Abend in der Oper. Vorausgesetzt du machst dir bewusst, „wie du dich machst“, wie du Unterhaltung für dich nutzt. Gewiss, wir haben unsere Vorlieben, unseren Geschmack und unsere Meinungen. Doch wir alle haben die Freiheit, Neues kennenzulernen. Nutzt du diese Freiheit? Lass einfach Neues wertfrei und öfter auf dich wirken. Das verändert deine Wirklichkeit. Wie wäre das für dich?

In diesem Kapitel findest du eine Auswahl von Gedichten, Musiktiteln, Filmen sowie Zitaten und Geschichten, die für mich Bedeutung haben. Bedeutung, weil sie mich beim Schreiben des Buches inspiriert haben. Bedeutung, weil sie mir Antworten auf die „Geht's noch?“-Frage geben. Bedeutung, weil sie mir bewusst machen, im Alltag zu SEIN und diesen zu gestalten. Bedeutung auch, weil sie für andere ähnlich tiefe Bedeutung haben – vielleicht auch für dich?

Gedichte

EinsichT lyrisch auf den Punkt gebracht.

Mutter Teresa

Das Leben ist eine Chance …

Das Leben ist eine Chance – nutze sie.
Das Leben ist Schönheit – bewundere sie.
Das Leben ist Seligkeit – genieße sie.
Das Leben ist ein Traum – mach daraus Wirklichkeit.
Das Leben ist eine Herausforderung – stelle dich ihr.
Das Leben ist Pflicht – erfülle sie.
Das Leben ist ein Spiel – spiele es.
Das Leben ist kostbar – geh sorgfältig damit um.
Das Leben ist Reichtum – bewahre ihn.
Das Leben ist Liebe – erfreue dich an ihr.
Das Leben ist ein Rätsel – durchdringe es.
Das Leben ist ein Versprechen – erfülle es.
Das Leben ist Traurigkeit – überwinde sie.
Das Leben ist eine Hymne – singe sie.
Das Leben ist eine Tragödie – ringe mit ihr.
Das Leben ist ein Abenteuer – wage es.
Das Leben ist Glück – verdiene es.
Das Leben ist das Leben – verteidige es.

Dieses Gedicht nochmals als Inspiration in EinsichT-Sprache übersetzt:

Mein Leben mache ich zu meiner Chance...

Mein Leben mache ich zu meiner Chance – ich nutze mich.
Mein Leben mache ich zu meiner Schönheit – ich bewundere mich.
Mein Leben mache ich zu meiner Seligkeit – ich genieße mich.
Mein Leben mache ich zu meinem Traum – ich verwirkliche mich.
Mein Leben mache ich zu meiner Herausforderung – ich stelle mich mir.
Mein Leben mache ich zu meiner Pflicht – ich erfülle mich.
Mein Leben mache ich zu meinem Spiel – ich spiele mich.
Mein Leben mache ich kostbar – ich gehe sorgfältig mit mir um.
Mein Leben mache ich zu meinem Reichtum – ich bewahre mich.
Mein Leben mache ich zu meiner Liebe – ich erfreue mich an mir.
Mein Leben mache ich zu meinem Rätsel – ich durchdringe mich.
Mein Leben mache ich zu meinem Versprechen – ich erfülle mich.
Mein Leben mache ich zu meiner Traurigkeit – ich überwinde mich.
Mein Leben mache ich zu meiner Hymne – ich singe mich.
Mein Leben mache ich zu meiner Tragödie – ich ringe mit mir.
Mein Leben mache ich zu meinem Abenteuer – ich wage mich.
Mein Leben mache ich zu meinem Glück – ich verdiene mich.
Mein Leben mache ich zu meinem Leben – ich verteidige mich.

Rainer Maria Rilke

Du musst das Leben nicht verstehen …

Du musst das Leben nicht verstehen,
dann wird es werden wie ein Fest.
Und lass dir jeden Tag geschehen,
so wie ein Kind im Weitergehen von jedem Wehen
sich viele Blüten schenken lässt.

Sie aufzusammeln und zu sparen,
das kommt dem Kind nicht in den Sinn.
Es löst sie leise aus den Haaren,
drin sie so gern gefangen waren,
und hält den lieben jungen Jahren
nach neuen seine Hände hin.

Hermann Hesse

Glück

Solang du nach dem Glücke jagst,
Bist du nicht reif zum Glücklichsein,
Und wäre alles Liebste dein.
Solang du um Verlornes klagst
Und Ziele hast und rastlos bist,
Weißt du noch nicht, was Friede ist.
Erst wenn du jedem Wunsch entsagst,
Nicht Ziel mehr noch Begehren kennst,
Das Glück nicht mehr mit Namen nennst,
Dann reicht dir des Geschehens Flut
Nicht mehr ans Herz, und deine Seele ruht.

William Ernest Henley

Invictus (unbezwungen) …

Aus finstrer Nacht, die mich umragt,
durch Dunkelheit mein' Geist ich quäl.
Ich dank, welch Gott es geben mag,
dass unbezwungen ist meine Seel.

Trotz Pein, die mir das Leben war,
man sah kein Zucken, sah kein Toben.
Des Schicksals Schläg in großer Schar.
Mein Haupt voll Blut, doch stets erhoben.

Jenseits dies Orts voll Zorn und Tränen
ragt auf der Alp der Schattenwelt.
Stets finden mich der Welt Hyänen.
Die Furcht an meinem Ich zerschellt.
Egal wie schmal das Tor, wie groß,
wie viel Bestrafung ich auch zähl.
Ich bin der Meister meines Los'.
Ich bin der Captain meiner Seel.

Übrigens hat dieses Gedicht dem kürzlich verstorbenen Nelson Mandela viel Kraft in der schweren Zeit seiner Inhaftierung gegeben.

Musik

Musik berührt, Musik bewegt. Ganz besonders gilt das für Lieder, für die Verbindung von Text, Rhythmus und Melodie. Der berühmte Geiger Yehudi Menuhin sagte einmal:

„Singen ist die eigentliche Muttersprache des Menschen."

Bei der folgenden Auswahl habe ich mich auf Musiktitel beschränkt, deren Texte für mich einsichtig sind. In Zeiten von Youtube ist es ein Leichtes, sich musikalisch inspirieren zu lassen.

Udo Jürgens
„Heute beginnt der Rest deines Lebens"
„Wer nie verliert, hat den Sieg nicht verdient"
„Ich will, ich kann"
„Das ist dein Tag"

Howard Carpendale
„Kann mir noch immer in die Augen sehen"
„Das alles bin ich"

Udo Lindenberg
„Ich mach mein Ding"
„Das Leben"

Nena
„In meinem Leben"

Reinhard Mey
„Sei wachsam"
„Das Narrenschiff"
„Ich atme ein"

Die Ärzte
„Die Antwort bist du"
„Lasse reden"

Unheilig
„Unsterblich"

Tim Bendzko
„Nur noch kurz die Welt retten"

Wir sind Helden
„Bist du am Leben interessiert?"

Laith Al Deen
„Ruhe"
„Lebe den Tag"
„Die Frage ist wie"
„Worauf wartest du?"
„Alles an dir"

Rosenstolz
„Ein Wunder für mich"
„Bester Feind"

Ich + Ich
„Nichts bringt mich runter"
„Junk"
„Mach dein Licht an"
„Dienen"

Annett Louisan
„Das große Erwachen"
„Die Lösung"

PUR
„Endlich ich"

Purple Schulz
„Immer nur leben"

Die Fantastischen Vier
„Nur in deinem Kopf"
„Der Krieger"

Herbert Grönemeyer
„Luxus"
„Mensch"

Filmtipps

Wusstest Du, dass schätzungsweise über 120 Millionen professionelle Filme bis heute abgedreht worden sind? Nachfolgend eine Auswahl bemerkenswerter Filme, die Bezug zum „Sich Machen“ haben.

Birth
Good Will Hunting
Instinkt
Matrix Teil 1 bis 3
Willkommen Mr. Chance
What the Bleep do we (k)now!?
Die 12 Geschworenen
Der Club der toten Dichter
Was vom Tage übrigblieb
Wie im Himmel
Into The Wild
Butterfly Circus
Harold und Maude
Ziemlich beste Freunde
Pragmatische Esoterik
Invictus
Das Beste kommt zum Schluss
Besser geht's nicht
Forrest Gump
Die Truman Show
Und täglich grüßt das Murmeltier
Wag the dog – Wenn der Schwanz mit dem Hund wedelt

Zitate

Konfuzius
„Du bist immer genau dort, wo du hingehst.“

Unbekannt
„Wer nicht mit der Zeit geht – geht mit der Zeit.“

Johann Wolfgang von Goethe
„Nur dem gehört das Leben und die Freiheit,
der täglich sie erkämpfen muss.“

Erwin Schrödinger
„Die Gegenwart ist das einzige Ding, das kein Ende hat.“

Unbekannt
„Wie mache ich mich anders, außer – gewöhnlich?“

Unbekannt
„Sei keine Story – diktiere sie!“

Unbekannt
„In der Realität ist die Wirklichkeit ganz anders.“

Unbekannt
„Glück ist keine Station, sondern eine Art zu leben.“

Buddha
„Willst du deine Zukunft kennen, dann betrachte dich in der Gegenwart.“

Unbekannt
„Wer sich in Sicherheit wiegt, verschaukelt sich selbst.“

Unbekannt
„Nie war ich so wertvoll wie heute."

Unbekannt
„Die Zukunft hat man in sich – nicht vor sich."

Unbekannt
„Es geht immer um alles!"

Laotse
„Genug zu haben ist Glück. Zuviel zu haben ist Unglück und das betrifft alle Dinge."

Unbekannt
„Als ich auf die Welt kam, hatte ich nichts. Jetzt, da ich diese Welt verlasse, habe ich nichts. Was habe ich verloren?"

Unbekannt
„Jeder ist seines Glückes Schmied – und so sieht es auch aus."

Bernd Lutz-Lange
„Manche hören schon auf, an ihren Ketten zu rasseln, wenn man sie nur vergoldet."

Unbekannt
„Nicht Sprüche sind es, woran es mangelt; Bücher sind voll davon. Es fehlt an Menschen, die sie anwenden."

Mutter Theresa
„No matter who says what, you should accept it with a smile and do your own work."

Aus Japan
„Meister, liegt die Lösung von Problemen im Handeln oder im Nichthandeln?“ Darauf der Meister: „Weder noch – die Lösung liegt im Verstehen.“

Aus Japan
„Meister was soll ich tun? Ich werde von bösen Versuchungen verfolgt.“ Darauf der Meister: „Bist du sicher, dass es nicht umgekehrt ist?“

Unbekannt
„Wenn du's mal wieder eilig hast, mach langsam …“

Dalai Lama
„Für den Stress im modernen Alltag ist nicht die Gesellschaft verantwortlich. Dann müssten alle an Stress erkrankt sein. Die Ursache für Stress liegt stattdessen in der Einstellung jedes Einzelnen. Wer nur an sich selbst denkt, leidet bald unter seinen vielen unerfüllten Wünschen: Dies führt zu innerer Schwäche.“

Geschichten

Zwei Zenschüler

Zwei Zenschüler betrachten eine Fahne, die im Wind flattert und diskutieren darüber. „Es ist die Fahne, die sich bewegt", sagt der eine. „Nein, du hast unrecht", sagt der andere. „Es ist der Wind, der sich bewegt." Ein Meister, der den Streit mit angehört hat, nähert sich den Schülern und sagt: „Ihr habt beide unrecht. Es ist euer Geist, der sich bewegt."

Glück oder Unglück – vielleicht?

Eine chinesischer Bauer galt als reich, denn er besaß ein Pferd. So konnte er reiten, pflügen und Lasten befördern. Eines Tages lief ihm dieses Pferd davon. Seine Nachbarn riefen: „Oh wie schrecklich." Aber der Bauer meinte nur: „Vielleicht." Ein paar Tage später kehrte das Pferd zurück und brachte zwei Wildpferde mit. Die Nachbarn freuten sich alle über sein günstiges Geschick, aber der Bauer antwortete erneut: „Vielleicht." Am nächsten Tag versuchte der Sohn des Bauern, eines der Wildpferde zu reiten. Das Pferd warf ihn ab und er brach sich beide Beine. Die Nachbarn übermittelten ihm alle ihr Mitgefühl für dieses Missgeschick, aber vom Bauer hörten sie wieder nur ein: „Vielleicht." In der nächsten Woche kamen Rekrutierungsoffiziere ins Dorf, um die jungen Männer zur Armee zu holen. Ein Krieg mit dem Nachbarkönigreich bahnte sich an. Den Sohn des Bauern wollten sie nicht, weil seine Beine gebrochen waren. Als die Nachbarn ihm sagten, was für ein Glück er hat, antwortete der Bauer nur: „Vielleicht."

Geht's noch?

Es regnet, tagein, tagaus. Das Wasser steigt und läuft in die Häuser. Nur Herr X harrt aus. Die Feuerwehr versucht ihn zu evakuieren, doch Herr X möchte noch bleiben. „Es geht noch," sagt er. Am nächsten Tag ist das gesamte Erdgeschoss überflutet, ein Boot des Rettungsdienstes kommt, doch für Herrn X geht's noch und er rettet sich in das Obergeschoss. Am Tag darauf sitzt er schon auf dem First des Daches, das Wasser plätschert um seine Füße. Den Hubschrauber, der ihn retten will, schickt er weg. „Es geht noch"– er vertraut darauf, dass es besser werden wird. Am nächsten Morgen ist weder von Herrn X noch vom Haus etwas zu sehen – nur noch ein riesiger Wasserspiegel von Horizont zu Horizont. Herr X ist schon unterwegs zum Himmel. Dort angekommen, beschwert er sich bei Gott: „Mein Leben lang hast du mir versprochen, mich zu retten, ich habe dir geglaubt, und jetzt das." Gott antwortet: „Was hast du denn? Erst habe ich dir die Feuerwehr geschickt, dann den Rettungsdienst und dann in höchster Not sogar noch den Hubschrauber."

Übrigens: Frau Y soll es ähnlich ergangen sein.

Zum Schluss: Du bist unglaublich!

Du hast in der Lotterie des Lebens gewonnen. Dein Sperma war das schnellste im Rennen zu deiner bestimmten Eizelle. Die Chance dafür stand

1 : 5 100 000 000 000 000 000.

Du bestehst aus 100 Billionen Zellen. Davon sterben pro Sekunde 10 Millionen Zellen und es werden 10 Millionen Zellen neu geboren. Übrigens beherbergst du 70 Billionen Zellen, die nicht unmittelbar zu deinen gehören. Es sind Bakterien, Viren, Parasiten, die überwiegend symbiotisch in dir wirken. Pro Sekunde finden 10^{30} (eine Zahl mit 30 Nullen!) physikalisch-chemische Operationen in deinem Körper statt. Jedes Jahr werden 98% der Atome, aus denen dein Körper besteht, durch neue ersetzt. Du siehst, du bist unglaublich!

DANKSAGUNG

Diese Liste könnte sehr lang werden. Ich schreibe sie aber bewusst sehr kurz, in dem Wissen, viele Menschen „genutzt" zu haben um diese Idee, dieses Buch entstehen zu lassen: meine Seminarteilnehmer, meine Klienten, meine Unterstützer genauso wie meine Kritiker. Ganz herzlichen Dank dafür.

Einige möchte ich aber gesondert erwähnen, da ich deren Beitrag zum Gelingen besonders „groß mache": Jakes Begleitung als Mentor, Inges Unterstützung und Vertrauen, mich machen zu lassen, Lennards Verständnis, die Impulse meiner Mutter sowie Siegfried mit seinen schöpferischen und engagierten Beiträgen.

Aber der größte Dank gehört dir als Leserin, als Leser und Kritiker: Du bist und warst die Quelle meines Spaßes und meiner Motivation beim Schreiben dieses Buches.

NACHWORT

Danke.

LÖSUNGEN

Lösungen zu „Es wird anders“ (Seite 93)

Lösung 1: Du führst die Linie über den Rahmen hinaus. In der Aufgabenstellung steht nicht, dass dieses verboten ist.

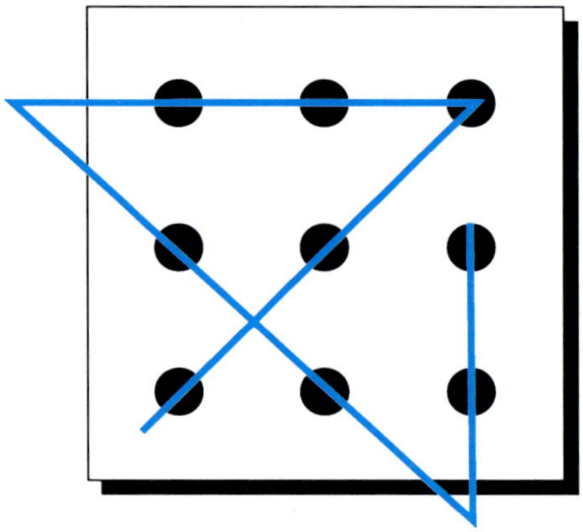

Lösung 2: Du zerschneidest das Papier. Es ist laut Aufgabenstellung nicht verboten.

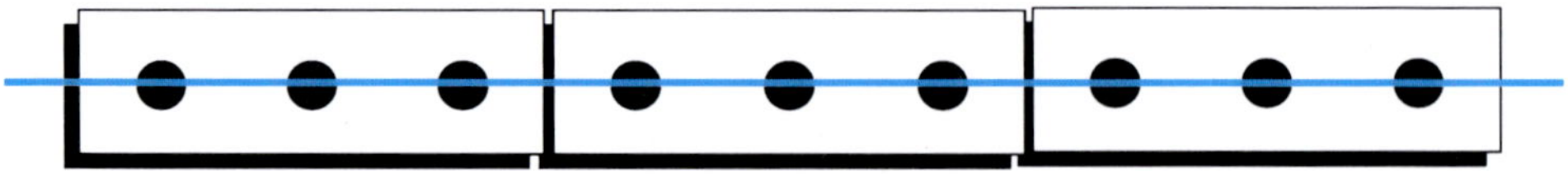

Lösung 3: In der Aufgabenstellung steht nichts davon, dass die Linie nicht extrem dick sein kann.

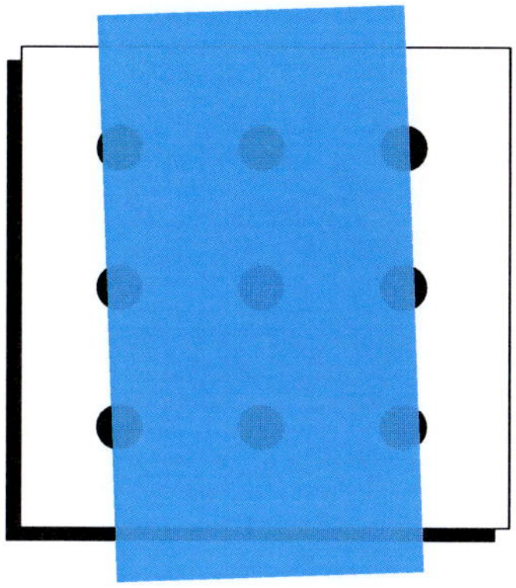

Lösung 4: Du rollst das Papier ein und verbindest die Punkte mit einer fast geraden Linie. In der Aufgabenstellung steht nicht, dass das Papier nicht gerollt werden darf.

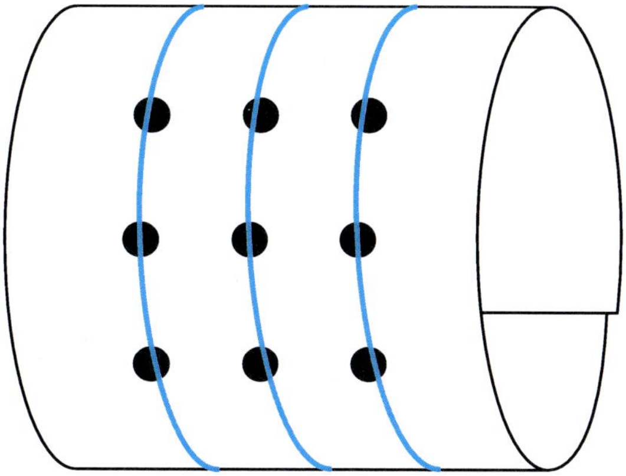

Lösung 5: Du „zielst" ganz genau beim Zeichnen. Dann berühren sich die Punkte noch ganz knapp. Genaues Hinschauen lohnt sich immer.

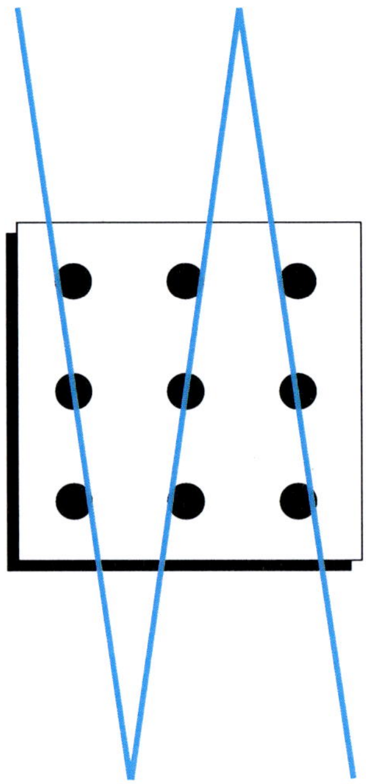

Und sei dir sicher: Es gibt noch weitere Lösungen. Für dieses Rätsel genauso wie für die vielen Herausforderungen in deinem Leben. Denke daran, wenn du dir die Frage nach „Geht's noch?" stellst. Weitere Impulse dazu findest du unter

www.EinsichT.info

Lösung zu „Ist doch klar“ (ab Seite 104)

Auflösung des Rätsels: Es gibt drei „Kassen“: die gemeinsame der Wohngenossen, die Ladenkasse und die Tasche des Ladenbesitzers. Die ursprüngliche Zahlung von 30 € war für den Preis von 25 € gedacht, diese landen in der Ladenkasse, 2 € in der Tasche des Ladenbesitzers, 3 € in der Gemeinschaftskasse: 30 € = 25 € + 2 € + 3 €, alles ist korrekt.

Der Fehler der im Text aufgestellten Rechnung ist der falsche Ausgangspunkt. Tatsächlich gehören die in der Tasche gelandeten 2 € zum Preis von 27 €. Richtig notiert lautet die Gleichung also: 27 € (der erhöhte Preis) – 2 € (in die Tasche abgezweigt) = 25 € (der Betrag in der Ladenkasse). Weil 27 € + 2 € fast 30 € ergeben, finden wir nichts dabei, 29 € und 30 € zu vergleichen, obwohl die beiden Zahlen nicht in eine Gleichung gehören. Außer der Ähnlichkeit der beiden Beträge gibt es keinen Grund, erhöhten Preis und ursprüngliche Summe gleich zu setzen.

Du siehst, so leicht kann man sich hinters Licht führen lassen. Im „echten Leben“ und bei größeren Summen könnte dieses durchaus ärgerliche Folgen haben.

Oder hast du den Überblick behalten und war dir die Lösung klar? Dann gehörst du zu den wenigen, die hier nicht verwirrt wurden.

Bravo.

QUELLEN

„Geht's noch?" erhebt keinen Anspruch wahr zu sein: Du weißt, Wirklichkeit und Wahrheit sind und werden geprägt von deinen Filtern. Und doch beruht „Geht's noch?" auf Beobachtungen, auf Studien, die manche als Tatsachen bezeichnen würden. Entscheide selbst welchen Wert du den Tatsachen gibst.

1 | Seite 14

Die Zahl der Arbeitsunfähigkeitstage, die durch die Einnahme von Suchtmitteln verursacht wurden, ist in den letzten zehn Jahren um rund 17 Prozent angestiegen: Von 2,07 Millionen Fehltagen im Jahr 2002 auf 2,42 Millionen Fehltage im Jahr 2012. Alkoholkonsum und Rauchen sind laut Fehlzeiten-Report 2013 des Wissenschaftlichen Instituts der AOK (WIdO) die Hauptursachen. Experten sehen aber auch einen Trend zu einer verstärkten Einnahme von leistungssteigernden Mitteln. „Obwohl in den vergangenen Jahren eine ganze Menge unternommen worden ist, können wir bei den Suchterkrankungen keine Entwarnung geben", sagte Uwe Deh, Geschäftsführender Vorstand des AOK-Bundesverbandes, bei der Vorstellung des Fehlzeiten-Reports 2013 in Berlin.

2 | Seite 17

Die Statistik beschäftigt sich mit der Entwicklung des Fernsehkonsums in Deutschland. Die durchschnittliche Sehdauer lag im Januar 2013, laut Arbeitgemeinschaft Fernsehforschung (AGF), bei etwas mehr als 220 Minuten pro Tag.

3 | Seite 17

1. Studie: Den grundlegenden biologischen Prozess deckte 2004 die spätere Nobelpreisträgerin Elizabeth Blackburn zusammen mit ihrer Kollegin, der Molekularbiologin Elissa Epel von der University of California in San Francisco auf. Sie hatten in einer Studie Frauen untersucht, von denen ein Teil unter ständiger psychischer Belastung stand. Die anderen hatten ein ausgeglichenes Seelenleben. Die Stärke des Stressempfindens ließ sich in den Zellkernen, an den Telomeren, sehr präzise ablesen.
2. Studie: Vor Kurzem entdeckten Forscher der Sahlgrenska-Akademie, einer Institutin der Universität Göteborg, dass Dauerstress auch das Risiko für das geistige Altern erhöht. In einer Studie mit 1,2 Millionen jungen Soldaten konnte bestätigt werden, dass körperliche Fitness mit einem erhöhten Intelligenzquotienten einhergeht. Fitness in diesem Sinne bedeutet, laut Michael Nilsson Medizinprofessor bei Sahlgrenska, eine gute Herz- und Lungenkapazität, die dem Gehirn viel Sauerstoff zuführen.

4 | Seite 17

Diese Zahlen liefert der 12. Ernährungsbericht der Deutschen Gesellschaft für Ernährung e. V. (DGE). Für die Bewertung der Verbreitung und Entwicklung von Übergewicht in Deutschland wurden Daten aus großen nationalen Studien herangezogen. Werden wir immer dicker? In Deutschland schaffen es die meisten Erwachsenen nicht, das Körpergewicht bis ins höhere Alter im Normalbereich zu halten: 67 Prozent der Männer und 53 Prozent der Frauen haben Übergewicht, wobei 23 Prozent der Männer und 24 Prozent der Frauen sogar adipös, also stark übergewichtig, sind. Damit bringen sieben von zehn Männern und fünf von zehn Frauen zu viel Gewicht auf die Waage.

5 | Seite 20

GfK-Konsumklimaindex für Deutschland 2013. Die deutschen Verbraucher sind weiterhin optimistisch. Die Konjunkturerwartung und die Anschaffungsneigung legen weiter zu, während die Einkommenserwartung moderate Einbußen hinnehmen muss. Für März 2013 prognostiziert der Gesamtindikator 5,9 Punkte nach 5,8 im Februar.

6 | Seite 24

Bericht im Stern 25. 4. 2013 von Jan Christoph Wiechmann. Seit drei Jahren hat Raphael Fellmer nichts mehr verdient. Er arbeitet seine Miete ab und ernährt sich von weggeworfenen Lebensmitteln aus Supermärkten. Der Zahnarzt behandelt ihn gratis. Der Kinobesitzer gibt ihm ungenutzte Plätze. Autofahrer nehmen ihn umsonst mit. Ein Segelboot sogar bis nach Amerika.

7 | Seite 51

Artikel in Focus online über Wissenschaftler des Münchners Max-Planck-Instituts für Psychiatrie.

8 | Seite 62

10% des Gehirns nutzen: B. L. Beyerstein, „Whence Cometh the Myth That We Only Use 10 % of Our Brains?" in S. Della Salla (Hg.), Mind Myths: Exploring Popular Assumptions About the Mind and Brain
(Chichester 1999), S. 3-24.

9 | Seite 64

Blitzlichterinnerung, R. Brown und J. Kulik, „Flashbulb Memories", in Cognition 5 (1977), S. 73 bis 99.

10 | Seite 69

Wissens-Illusion
P.B. Carroll und C. Mui, Billion Dollar Lessons: What You Can Learn from the Most Inexcusable Failures of the Last 25 Years? (New York 2008)

11 | Seite 70

In einer Studie der Cass Business School wurden mit einem Computerprogramm 1000 Aktien per Zufall ausgewählt und gewichtet. Laut Co-Autor Prof. Andrew Clare, simuliert dies die zufällige Aktienselektion, wie sie zum Beispiel ein Affe vornehmen würde. Dieser Prozess wurde 10 Millionen Mal wiederholt. Die Ergebnisse sind erstaunlich: Fast jeder der 10 Millionen „Affenmanager" hat in diesem Zeitraum eine bessere Rendite erwirtschaftet als viele Indizes. (http://www.cassknowledge.com/sites/default/files/srticle-attachments/evaluation-alternative-equity-indices-part-1-class-knowledge.pdf). Die Chicago Sun Times ließ über mehrere Jahre den Affen Adam Monk mit einem Bleistift aus dem aufgeschlagenen Wall Street Journal Aktien selektieren. Die gekauften Aktien schlugen sowohl den Dow Jones Index als auch hochbezahlte Wertpapierberater. In Russland gab es den Schimpansen Lusha, der Bauklötze auswählte, welche für bestimmte Aktien standen. Er verdreifachte in einem Jahr das Portfolio! Das Schimpansenmädchen Raven durfte Pfeile auf eine Liste von 130 Investmentunternehmen werfen. Das ausgewählte Portfolio wuchs im ersten Jahr um 79 Prozent, im zweiten um 213 Pozent. In Südkorea belegte ein Papagei, im Wettbewerb mit zehn professionellen Börsenmaklern, Platz drei.

12 | Seite 71

Belege für eine reduzierte Fahrtüchtigkeit während Mobiltelefongesprächen stammen aus D. A. Redelmeier und R. J. Tibishirani, „Association Between Cellular-Telephone Calls and Motor Vehicle Collisions", in New England Journal of Medicine 336 (1997), S. 453 bis 458, sowie D. L. Strayer, F. A. Drews und D. J Crouch, „Comparing the Cell Phone Driver and the Drunk Driver", in Human Factors 48 (2006), S. 381 bis 391. Belege für einen Zusammenhang von Alkoholkonsum und gesteigerter Unaufmerksamkeitsblindheit aus S. L. Clifasefi, M. K. T. Takarangi und J. S. Bergmann, „Blind Drunk: The Effects of Alcohol on Inattentional Blindness", in Applied Cognitive Psychology 20 (2005), S. 697 bis 704.

13 | Seite 74

D. Memmert, „The Effects of Eye Movements, Age, and Expertise on Inattentional Blindness", in: Consciousness and Cognition, 15 (2006), S. 620 bis 627.

14 | Seite 78

Die ursprüngliche Bedeutung der Affen drückt eine wertende Haltung aus. Der Spruch „nichts (Böses) sehen, nichts (Böses) hören, nichts (Böses) sagen" ist Bestandteil der Lehre des buddhistischen Gottes Vadjra. Er gelangte vermutlich im 8. Jahrhundert von Indien über China nach Japan und wurde dort als „mizaru, kikazaru, iwazaru" bekannt. So findet sich im 12. Buch der Analekten des Konfuzius folgende Aussage gegenüber seinem Schüler über das Wesen der „Sittlichkeit".

„Was nicht dem Gesetz der Schönheit (damit ist angemessenes
Verhalten gemeint) entspricht, darauf schaue nicht;
was nicht dem Gesetz der Schönheit entspricht, darauf höre nicht;
was nicht dem Gesetz der Schönheit entspricht, davon rede nicht;
was nicht dem Gesetz der Schönheit entspricht, das tue nicht."

15 | Seite 79

Wegner, D., M. (1989) „White bears and other unwanted thoughts: Suppression, obsession, and the psychology of mental control". NewYork: Viking. Borton, J. L. S. & Casey, E. C. (2006), Suppression of negative self-referent thoughts: A field study. Self and Identity, 5, S. 230 bis 246.

16 | Seite 90

Elisabeth W. Dunn, E. W., Gilbert, D. T., & Wilson, T. D. (2011). If money doesn't make you happy, then you probably aren't spending it right. Journal of Consumer Psychology, 21, S. 115 bis 125.

17 | Seite 114

Studie von Birte Englich, Fritz Strack und Thomas Mussweiler im Jahr 2006 in Bezug auf „Rechtsurteile". Eine Gruppe erfahrener Richter sollte eine kurze Falldarstellung lesen. Dabei ging es um einen Mann, der wegen Vergewaltigung vor Gericht stand. Anschließend wurden die Richter in zwei Gruppen geteilt und das Gericht zog sich zur Beratung zurück. Anschließend erhielt die eine Gruppe der Richter den Anruf eines Journalisten mit der Frage: „Wird die Strafe höher oder niedriger ausfallen als drei Jahre?" Die andere Gruppe wurde gefragt, ob das Strafmaß höher oder niedriger als ein Jahr ausfallen würde. Das Ergebnis daraus: Das durchschnittliche Strafmaß der ersten erfahrenen Richtergruppe lag bei 33 Monaten, das der zweiten bei 25 Monaten!

18 | Seite 141

The Writing Cure: How Expressive Writing Promotes Health and Emotional Well Being. S. J. Lepore & J. M. Smyth (Hg.) (2002) Washington: American Psychological Association.

Spera, S., Burfeind, E. & Pennebaker, J. W. (1994) Expressive writing and copying with job loss. Academy of Management Journal, 3, S. 711 bis 733.

"Know Yourself" Very Short List (2. März 2009).

Zech, E. & Rimé, B. (2005): Is talking about an emotional experience helpful? Effects on emotional recovery and perceived benefits. Clinical Psychology and Psychotherapy, 12, S. 270 bis 287.

*Bildnachweis:

www.123rf.com
S. 3 (Viktor Bondar), S. 15 (Yevgeniy Il'yin), S. 16 (Corina Rosu),
S. 21 (Maksim Kabakou), S. 22 (Yulia Glam), S. 27 (arcady31),
S. 37 und S. 38 (kurhan), S. 43 (Sergey Galayko), S. 47 (Aleksandar Plavevski),
S. 52 (Maksym Bondarchuk), S. 53 (Kyrylo Grekov), S. 57 (natulrich)

www.buetefisch.de
S. 6, S. 10, S. 12, S. 25, S. 26, S. 31, S. 34, S. 42, S. 48, S. 50, S. 56, S. 58,
S. 61, S. 70, S. 71, S. 72, S. 75 , S. 80, S. 85, S. 91, S. 92, S. 96, S. 98, S. 10,
S. 105, S. 110, S. 111, S. 113, S. 118, S. 119, S. 123, S. 125, S. 128, S. 133,
S. 136, S. 138, S. 143, S. 162, S. 163, S. 164, S. 171

www.photocase.de, www.buetefisch.de
S. 12 (bisaufeinen, Bütefisch)

www.fotolia.de
S. 82 (J.M.)

www.shutterstock.de
S. 87 (Drozdowski)

www.clipdealer.de
S. 127 (erwo1)

Lizenzfrei
S. 79

Ganz zum Schluss: Mach dir dein Leben bunt. Dazu braucht es weniger, als du denkst. Vielleicht dient dir als Metapher dazu das Muster auf der vorherigen Seite. Denn vielleicht denkst du, es werden vier verschiedene Farben verwendet. Es sind aber nur drei: Blau, Gelb und Rot.

Die zwei verschiedenen Rottöne entstehen nur durch das Umfeld. Vielleicht auch wieder eine neue Metapher für dich, um zu überlegen, wie du dein Umfeld gestaltest.

Geht's noch? Ja, es geht weiter!